銀座ホステスを その気にさせる 会話術

Ryo Saeki
冴木 涼

SOGO HOREI PUBLISHING CO., LTD

まえがき　～キャバ嬢・ホステスから愛される男は、仕事もできる～

あなたはいま素敵な恋愛をしていますか？

本書を手にした方なら、キャバクラやクラブなど「夜のお店」に足を運び、そこで出逢った女性たちに夢中になった、あるいは好きになりかけた経験があることでしょう。

しかし、その女性を口説き落とし、**〝自分の彼女〟**にできましたか？

「（お店に）通っても、通っても、休日に会ってくれない」
「デートを重ねても、なかなか心を開いてくれず、ある程度の時間で解散になる」

そのあげく、

「お金を遣った後悔だけが残ってしまった……」

このような経験をされた男性が多いのではないでしょうか。

私は、そのような「上手《うわて》な夜の女性達」を、口説き落としてきました。

それも600人以上です。

言うまでもなく、口説き落とすとは〝SEX〟も含みます。

さらに夜の世界に魅力を感じた私は、好きが高じて、銀座でクラブをオープンさせました。

本書は、**夜の業界の「裏と表を知り尽くした」経歴**をもつ私が、秘密などもギリギリ書ける寸止めまで——銀座ホステス・人気キャバクラ嬢をはじめとする、〝ハードルの高い〟相手を、その気にさせるコミュニケーション術について書き下ろしたものです。

私は、16歳の若さでスナックデビューしました。それは衝撃的なデビューでした。先輩に誘われたのがきっかけです。

幼い心を持った私は、華やかな空間にいた、セクシーな衣装を着た女性たちに、一瞬で魅了されたのです。

そこで出逢った一人の女性がE子さんでした。私より2歳年上の18歳でした。スレンダーで、赤い口紅を引き、ロングソバージュ。そして魅惑的な色っぽさを秘めた女性でした（芸能人でたとえると、工藤静香系）。

その出逢いをきっかけに、私の〝口説く男〟としての人生がはじまったのです。

そして十数年にかけて、ハンターのように目を輝かせながら夜のお店に出向き、そこで出逢った好みの女性を口説き落としてきたのです。

気づけば、その数６００人超。

もちろん一般女性とも合コンや、デートもしました。しかし、私の心は合コンという紋切り型の展開に、どこか物足りなさを感じていました。それと、合コンは頻繁にはありません。

男性は、ふとした寂しい時、女性に会いたい気持ちになってしまうものです。

当時の私は、女性に会いたいと思ったときに、〝**すぐ出逢える場所**〟を望んでいたのです。**それが、「夜のお店」でした。**

夜の女性に対して、嘘つき女のサクラ集団だと勘違いしているお客さんがいました。

まさか、「キャバ嬢やホステスと付き合う、ＳＥＸすることは、都市伝説だ！」なんて考えている方はいませんよね？

夜の女性は、お仕事で営業トークもしますが、あくまでも〝女性〟です。

お客さんに対して好意的な気持ちが芽生えれば、当然、お客さんと付き合い、SEXもします。

女性たちも、働きながら心のなかで「いい人が（お客さんとして）来ないかな」と待っています。

では、そんな女性たちに〝**好意を抱いてもらう**〟ためには、何が必要なのでしょうか。

それは、「お金やルックス」ではありません。〝**会話力**〟なのです。

あなたが、夜のお店で何時間飲んでいるのかわかりませんが、けして安い料金ではない、毎日のように通える（逢いに行ける）訳でもありませんよね。

要は、「限られた時間で、最高の印象を相手に刻み込むテクニック」が必要なのです。

まえがき　～キャバ嬢・ホステスから愛される男は、仕事もできる～

夜の女性たちは、日々多くの男性と接客を通してコミュニケーションをしています。

特に〝銀座のクラブ〟ともなると、客層では中小企業のお偉い様方をはじめ、大手企業の役員クラスが多く来店します。そして普段、社員ですらなかなか接する機会がない一流企業の「会長・社長」様方も。

雲の上のような存在の方が、運転手付き高級車で登場し、接待として多く利用しています。

もちろん、芸能人も銀座では頻繁に見かけます。

当然、彼らはビジネスで〝成功〟しているだけあって、人間的魅力に溢れる人が大勢います。そこで、彼女たち〝夜の蝶〟はトップクラスの会話や作法を学んでいるのです。

もちろんそんな〝上級〟ホステスや〝トップ〟キャバクラ嬢を口説くには、こちらにもそれなりの人間的魅力――つまり〝会話力〟が求められるのです。

全国に、夜のお店は数多くあります。しかし、キャバ嬢やホステスなどの〝夜の女性〟をターゲットにした本は、数少ないでしょう。

本書で紹介しているテクニックは、もちろん他の〝一般〟女性にも通用するテクニックです。

さらに、ビジネス一般における高度な交渉――**なかなか首を縦に振ってくれない取引先や、何とか〝落としたい〟クライアントとの商談などでも十分に活用できるものだと自負しています。**

それこそが、限られた時間に、最高の印象を相手に残すテクニックなのです。

本書で、華麗なる〝銀座デビュー〟を飾ってください。

きっとあなたの人間的魅力も輝きはじめるでしょう。

冴木　涼

まえがき　～キャバ嬢・ホステスから愛される男は、仕事もうまい～

本書を読む前に　4

序章　なぜ〝夜の女性〟に夢中になってしまうのか？

なぜ〝夜の女性〟に夢中になってしまうのか？　20
キャバ嬢・ホステスから〝好かれるオトコ〟の共通点　24
コラム　どんな女性がお店にいるのか？
有名歌手に似た女性と恋のバラード　29

第1章　相手と会う前に準備しておきたいこと

お金をかけなくても好印象を与えるファッション　36
初めてお店に行く人、経験が少ない人のために　40
どれくらいの頻度でお店に行けば、口説けるのか　45
支払い方で、印象は変わる　47

コラム　どんな女性がお店にいるのか？
7年の時を経て、現役キャバ嬢との恋の予感　52

第2章　相手をその気にさせる会話術

見逃してはいけない〝一瞬〟の変化　58
警戒心を解く、挨拶プラスひと言　61
タイプ・性格を分類して見極める　63
「営業トーク？　それとも本気？」相手の本音を探る〝ゲーム〟　71
相手の本音を探る〝言葉の仕掛け〟　75
大切な会話のリズム　79
相手との距離とボディタッチ　82
聞いてはいけないNGテーマ　84
相手の年齢を尋ねるタイミング　86
さらに印象を良くする、指名する際の〝ひと言〟　88
名刺を戴くタイミング　91
信頼される男、信頼されない男　93

〝ハズさない〟褒め方 98
どうしても注意しなければいけないとき 100
コラム　どんな女性がお店にいるのか？
老舗クラブで出逢った、グラマラスで大胆な美女 103

第3章　〝冷めない・忘れられない〟ための電話&メール術

最初のメール 108
メール文章例 112
電話をするタイミングとその内容 115
同伴・店外デートのスムーズな誘い方 118
デートに誘う前におさえておきたいポイント 121
コラム　時代が変われば、キャバ嬢・ホステスも変化する
「女性」が変わった 124

第4章　距離を縮める記念日&イベント

女性の誕生日には、どうすればいいのか？ 130

イベントに誘われた場合　133
コラム　時代が変われば、キャバ嬢・ホステスも変化する
「お店」も変わった　137

第5章　〝想い〟を伝えるテクニック

告白する場所はどこがいいのか？　142
告白の言葉　145
コラム　時代が変われば、キャバ嬢・ホステスも変化する
「時代」が変わっても、変わらないもの　149

第6章　告白後の「成功と失敗」

成功　154
失敗　157
コラム　私の人生を変えた〝一夜〟
〝最愛〟の女性に出逢えた瞬間　160

本書を読む前に

本書を読みはじめる前に、まずは、〝**夜の女性**〟について知ってほしいと思います。**彼女たちの気持ちが理解できないと、口説くことは難しいからです。**これが**「基本」**になりますので、はじめに説明します。

女性たちの職業は、「接客業」です。

夜の時間帯で、けして規則正しい生活とはいえません。

給料も毎月変動するので安定商売ともいえません。女性たちもそれを承知の上で選んでいます。

昔は、水商売（お水）は世間的に「批判される業種」でした。しかし、近年では就きたい職業にランクインするほどの〝人気の業種〟になりました。

〝ナンバーワン〟を目標にしている女性には、女性同士（ライバル）で売上げを競う「女の戦い」もあります。お客さんを「奪った・奪われた」の戦いもあります。女の戦場には、男が立ち入ると火傷《やけど》します。しかし、それもお仕事に対し真剣に努力してるからこそ起こるものなのです。

お仕事では、「お客様をできるだけ満足させて帰す」ことをモットーに掲げて接客します。

お客さんに、「(僕に) 興味あるのかな?」と思わせることで「満足させている」のです。たとえば、女性から「褒める」「おだてる」などの褒めトークをされると、嬉しくなりますよね。

「かっこいいですね」「すてきですね」などと褒められたらどうでしょう。

「自分に興味あるのかな?」と一瞬頭の中で考えて、いい気分になるでしょう。

それが〝擬似〟でも、褒めて、おだてておお客さんが満足して通えば、お店も女性も売上げに繋がります。今日も明日も、数ヶ月先も「変わらず満足させる」。この繰り返しです。

お客様が来店しなければ、お店は潰れてしまい、そこで働く女性たちの生活が困ります。

すなわち、お店と女性たちが「客を増やす」「売上げをつくる」ため一致団結しているのです。

固定客、リピーター、指名客が増えれば、お店も繁盛し女性たちも給料が上がります。

そのために女性たちは何をするのか？

お客さんを満足させる「行為」「発言」をはじめとする**〝営業トーク〟**です。

その営業トークも、状況によっては〝仕方なく〟言わざるを得ないときもあります。

お客さんを〝持ち上げる〟話だけではなく、愚痴や相談等も聞き、アドバイスもしてくれます。

もちろん擬似でなく、マジ（本気）なら凄くうれしいですが。

擬似とマジの区別をわざわざ深く考えている男性は、女性からの褒めトーク・色恋に〝モヤモヤ〟してしまいます。

お客さんのなかには、夜の女性たちに対して、「口が上手」「嘘つき」「お水の女＝遊び人」という印象を持っている方もいるでしょう。

そのような印象を夜の女性に対して思うのであれば、口説かない方がいいです。

「仕事に理解してくれない男」「侮辱する男」に、女性は魅力を感じません。

むしろ、「それなら飲みに来なければいいでしょ」と思われます。

もちろん男性だって、その女性には仕事を理解して欲しいですよね。

「擬似」も「駆け引き〜色恋」も、夜の業界（水商売）では、〝必要不可欠〟なのです。

選んだお仕事と女性に対しては、侮辱せずに理解してあげて、前向きな応援をしてあげましょう。むしろアドバイスしてあげるくらいの気持ちで接してあげてください。

このように、夜の業界で働いてる「女性の気持ちを理解していく」ことで、彼女たちから共感されます。

要するに、理解してあげるからこそ〝口説き〟の成功率が上がるのです。

序章

なぜ〝夜の女性〟に夢中になってしまうのか？

なぜ〝夜の女性〟に夢中になってしまうのか？

キャバクラ・クラブ・スナックなど、夜のお店で働く女性を好きになった経験がある方は、「なぜ、夜の女性を好きになってしまったのか？」考えたことがありますか。

私は、①女性②演出③心理（駆け引き）の3点に、その理由が隠されていると思います。

まずは、女性そのものです。

夜のお店では、女性を臨時募集し、面接で〝容姿端麗〟な女性たちを選別し採用します（近年、キャバ嬢・ホステスに憧れる女性が増えました）。

応募者（女性）が増えたことで、審査基準も厳しくなり、「より戦力になる」女性を採用します。戦力とは、お客を様を複数持っている売上げ女性です。

そして、女性たちのキャラ（タイプ）が被らないようにバランスよく採用します。

採用された女性たちは、個々の魅力、振る舞いや仕草も他の女性に負けないよう努力をします。

そうすることで、それぞれ違う魅力を秘めた〝いい〟女性たちが集まります。

そのようなお店なので、好みに合った女性に出逢う確立が高いのです。

好みの女性から「あなたがタイプ」と伝えられたら、好意を抱くことでしょう。とても心地よい時間を夜のお店では過ごせます（これでは家飲み、居酒屋飲みが寂しく感じます……。その分、高額ですが）。

スナックであれば、アットホームな雰囲気でママのおいしい手料理を食べられるお店もあります。

私もお仕事の帰りに小腹空いたときには、スナックでママの手料理をご馳走になることもありました。料理上手の女性は、男性からすれば魅力的に映りポイントが上がりますよね。

つぎに、演出効果です。

私は、クラブの出店時に、内装・備品に〝特に〟力を入れました。

美しい女性を〝より〟美しく魅せるためです。

照明はより美しく映える位置でダウン照明を微調整します。

女性が手に持ち、口を付ける「グラス（シャンパン・ワイン）」は、気品あるデザインにします（私のお店では、グラスは、ドイツ製の「シュピゲラウ・クリスタル」などすぐ割れる消耗品ですが、高価なグラスにこだわりました）。

その他、ソファー、オブジェ（アンティーク）など。目につく至るところを、ロマンティックな空間にします。

そのような光景は、女性の気品も引き立ちます。

想像して下さい。キラッと薄暗いロマンティックな空間で、ワイングラスを持った美女、ほろ酔いながらも色っぽい仕草。

このシュチエーションも、夢中になってしまう理由のひとつです。

居酒屋のドンチャン騒ぎとはわけが違います。

衣装にもこだわります。

街角や繁華街でも、〝チラ見〟したくなるような、かわいい女性はいます。

しかし、彼女たちにはない〝何か〟が夜の女性たちにはあるのです。

色気です。

〝セクシーさが強調されたドレス〟〝気品をひきたてる着物〟〝キュートなコスチューム〟などを着ています。このような衣装では、あきらかに私服女性より色っぽく映ります。

背中が大胆にあいているドレスなどで、〝きれいな背中〟を一瞬でも眺めてしまえば、ため息漏れる方もいるでしょう。

萌え系男子なら、イベントで「メイドやナース風」のコスチューム姿を見てしまえば、思わず「萌え～」と叫びたくなるでしょう。アイドルを応援するような気持ちも沸いてしまうのではないでしょうか。

このように、衣装を着ることで、女性の魅力はより一層引立てられます。

最後は心理（駆け引き）です。

お客さんのなかには、女性に夢中になり何度もお店に通い続けている方もいます。

どうしても口説けないので、「途中で諦めよう」「距離を置こう」と考えた方もいると思います。

しかし〝諦める理由がなければ〟口説けるまで通い続けてしまう方もいます。

「好きではない」「付き合えない」など女性からはっきり言われない限りは、「未練もあり」「お金も遣ってきた」ので、諦めきれない気持ちが沸いてしまうのです。

男性が、「諦めよう」と思って離れて行くのに気がつけば、女性は〝引きとめる作戦〟も考えます。

〝興味があるような言い方〟などをするのです。

〝好き〟と伝えるのでなく、わかりづらい伝えかたをするのです。

女性から「引きとめられない男」の場合は、残念ですが終止符です……。

女性に引きとめられて再びお店に通ってしまえば、エンドレスです。

けれども、**それだけ〝夢中にさせるような女性〟と出逢えたなら、何度チャレンジしても口説くことができれば嬉しいことでしょう。**

キャバ嬢・ホステスから〝好かれるオトコ〟の共通点

あなたは、飲みに行った時に、豪快にお金を遣って盛り上がっているテーブル席を見たことがありますか？

高級なシャンパンやワイン、フルーツ盛りなどを注文し、テーブルに高額ボトルを空けているお客さんです。

このような大金を遣う男性は「口説き落としたい」「指名している女性の売上げに貢献したい」「豪快にお金を遣う事でかっこよく飲みたい」「好かれたい」などの理由で、お金を遣っているのでしょう。

このように「豪快にお金を遣うお客さん」は、女性達からしたら人柄の印象より「売上げの上がるお客さん（上客）」として見られてしまいます。

好かれているのはあなたではなく、あなたの「お金」です。

このような飲み方は、モテない男の飲み方になってしまいます。

しかし、豪快にお金を遣えば、お店の女性も売上げのためにチヤホヤおだてたりするので、「好かれた・モテた」と勘違いすることもあるのでしょう。

お金には限りがあります。それに大金を遣ったからといって、必ずしも女性を落とせるわけではありません。

では、大金を遣わなくても好かれるオトコの共通点とは、どんなものでしょうか。

夜のお店に通いつめ、あげく銀座クラブを経営した私の経験からご説明しましょう。

好かれるオトコ①誰に対しても誠実で謙虚なところがある

「変わることなくずっと愛されたい」と願う女性は、**男性の性格や態度をシビアに観察しています**。ふとしたはずみで態度を豹変させたりせず、誰に対しても変わらない姿勢を持つ謙虚なオトコ。

たとえば、最初はやさしい口調で、同じ目線で接してくれていたのに、時が経つにつれ、彼女でもないのに名前を呼び捨てにしたり、上から目線の見下す扱いをしたり、慣れ慣れしくすること。会社の上司と飲みに来ている時と、後輩と来る時の態度が違う——後輩をパシリ扱いしたり侮辱したりするなど、人によって態度をコロコロ変える人はＮＧです。

好かれるオトコ②長所を見つけてくれる

こちらはお金を払う側、女性は接客中とはいえ、欠点や文句を言われたりすると、女性はテンションが下がったり、へこみます。**欠点や文句より、いい所（長所）を見つけてくれたり、褒めて指摘してくれるオトコが喜ばれます。**

たとえば、テーブルで灰皿交換やグラスの水滴などを拭いたり、テキパキお仕事していた時に、**「テキパキしてよく気が利くよね」**など褒める。

楽しい会話をしてくれた女性なら、**「○○ちゃんと話していると元気がもらえるよ」**など、いい部分を褒めて指摘してあげること。

好かれるオトコ③人として大切にしてくれる

お店が混み合っている満卓時で、指名している女性・好みのタイプがなかなか席に着かない状態があります。女性もあちこちのテーブル回りなどで忙しい時もあります。自分のテーブルに着かない状態でも「着かない愚痴」を言うのでなく、忙しさを理解して**「今日は混んでるから帰ろうか？」など言える、人として心（余裕）のあるオトコ**。もちろんヘルプで着く女の子にも気配りを欠かしません。

「金の切れ目が縁の切れ目」という言葉があります。お金が無くなった途端に縁が切れてしまうような人間関係は寂しいものです。

もちろん生活する上でお金は必要ですが、お金はただの紙です。しかし、人の心を変えてしまう魔力がある怖い「紙」です。夜のお店で大金を遣い、身を滅ぼした人をたくさん見聞きしてきました。

乙女心をしっかり理解して接してあげれば**〝愛や恋を、お金で買わなくても手に入れられるオトコ〟**になります。わざわざ「金の切れ目が縁の切れ目」になるような寂しい道を選択しないで欲しいと願っています。

コラム　どんな女性がお店にいるのか？

有名歌手に似た女性と恋のバラード

このコラムでは、夜の女性に秘められた魅力を、私が体験した女性とのエピソードを基に紹介します。本書の主旨である、口説くテクニックとは、直接関係はありませんので、興味のない方は読み飛ばしてください。

それは、友人の行きつけのスナックに飲みに行った時でした。

小さめの店内に、ママ（50代）と4人の女の子が働いているお店でした。ママがいるお店は、ママが女の子達に業務マナーなどをしっかり教えているので心地よく飲めます。それにスナックは、予算も安くリーズナブルです（ちなみに、このお店のシステムは、一人ラストまで1万円のお店でした）。カラオケも設備してありました。

最初は、テーブルにママが座り挨拶してくれ、続いて一人の女性が席に着いてくれました。

女性は、Hちゃんという源氏名で、20代前半の**「某歌手」**に似た魅力的な若い女性でした。

Hちゃんは、昼間は美容室で働いて、週3日間だけこのお店でバイトして働いていました。美容室の給料だけでは生活が困難で、夜のバイトをしていたのです。

私は、「お仕事が掛け持ちで疲れない？」とHちゃんに尋ねました。

「疲れる時もあるけど、疲れを忘れさせてくれる時もありますね、夜の仕事には」とHちゃんは答えました。

昼間のお仕事での相談事などをお客さんが聞いてくれたりして、悩みやストレスが発散できることもあるそうです。

そんなHちゃんの顔は、歌手の中山美穂さん（ミポリン）に似ていて可愛くてスレンダーな女性でした。

「ミポリン系」に相談されたら、相談に乗らないわけがありませんよね。

そんなミポリン系に、私は「ドキッ」としていました。

しかも私は当時、ミポリンのファンでありましたから。

店内にカラオケがあったので**「これはチャンス」**と思い、Hちゃんに、中山美穂の歌で「C（シー）は歌える？」と尋ねました。

ミポリンの曲「C」とは、彼女のデビュー曲です。私が幼いころ聞いていた曲で、とても印象に残る詞であり、好きな曲のひとつでした。

そして**「意味がある詞＝C」**なんです。だから「C」をHちゃんに歌ってほしいと、お願いしたのです。

Hちゃんは、「いいですよ」と、OKしてくれました。

そして、「C」が流れ、〝曲のサビ〟にさしかかると、その当時の懐かしいミポリンを思い出しました。

Cからはじまる恋のバラード
抱きしめて。
ささやいて～
抱きしめて。
ささやいて～

まさに「Cからはじまる恋のバラード」なんです。

Hちゃんは、とても歌が上手でミポリンの声にもそれなりに似ていたのです（ぜひ、映像や曲を視聴してください）。

当時、ミポリンファンの私が、ミポリン似のHちゃんが歌うミポリンの曲を聞けたことで、とても幸せな時間でした。

「この幸せを逃したくない」。ここからが口説く男なのです。

実は、Hちゃんも「同じミポリンファン」でした。

女性にもいますよね。かわいい有名人の誰かに「似ているね」と褒められて、その「かわいい」という言葉でその有名人を意識してしまう。さらに容姿、素振りなどをマネしてしまう〝なんちゃって女子〟が。けれどもHちゃんは〝素〟で似ていました。

私が持っているミポリンのCDを、Hちゃんが貸してほしいと言ってきたので、私は喜んで貸す約束をしました。これで連絡先を交換する〝きっかけ〟ができました。

その日はウキウキ気分で帰りました。

その後、連絡をし、飲みに行き親交を深めました。

ある日、美容師のHちゃんに「そろそろ髪切ろうかな」と相談しました。すると、「髪カットしてあげようか?」と言ってくれました。もちろん私は、即答でお願いをしました。

しかも髪をカットする場所は、Hちゃんの自宅でした（ちなみに、美容師は自宅でもマネキンを使って練習している人が多いので、仲良くなるとお部屋で髪を切ってもらえることもあります）。

Hちゃんの部屋にはじめて行きました。

部屋は、ワンルームでピンク色のカーテンやベットシーツ、小物などに囲まれた女の子らしいカワイイ部屋でした。アロマのとてもいい香りもしました。

Hちゃんに「ここに座って」と言われ、丁寧に髪を切ってもらいました。

それから数時間後、カットも仕上がり、きれいさっぱりしました。

髪を切ってもらう目的は果たしましたが、口説く男には〝もうひとつ成し遂げること〟があります。

髪のカットだけでは、もちろん終わらせません。

なぜなら〝Cからはじまる恋〟だからです。この曲の詞を是非ご覧ください。

その夜はHちゃんと「C」の〝サビ〟のようにベッドでくり返し、一夜を共に過ごしました。

あなたも是非、聞いてくださいミポリン「C」を。

魅力ある女性と、Cからはじまる恋になることもあります。

それもあなたの、選曲次第でしょう。

第1章

相手と会う前に準備しておきたいこと

お金をかけなくても好印象を与えるファッション

あなたは、夜のお店に行く時、どんな服装がいいのか悩んだことがありませんか？

素敵な女性にファッションセンスを褒められることは、男なら嬉しいことですよね。しかし女性から見て、「恥ずかしい」「センスが悪い」と思われるファッションもあります。

服装くらい自由でいたい男の気持ちも理解できますが、「この服装（の人）はムリ」と、女性が感じることがあるのも事実です。飲みに行く時のファッションを少し気にする事で好印象になればラッキーだと思って考えてください。

ファッションで相手に不快感を与えないために「気を付けてほしいポイント」を紹介します。

ポイント①お店の客層のファッションに合わせる

夜のお店も、スーツを着用しなければならない高級店から、カジュアルな服装でも入れるキャバクラ・スナックなど様々あります。

お客さんの大半が、スーツを着用しているお店の場合では、あなたもスーツやジャケット等を着る方が無難です。他のお客さんのファッションを参考にすることで、変に目立ってしまうこともなくなります。

きちんとした身なりをしているお客さん（役員取締クラス）が多いので、服装の勉強にもなりますね。

服装に厳しくないお店では、次のポイント②に注意してください。

ポイント②不快感を与えないスタイル

【スーツ】

体型に合った季節に合う派手過ぎない色と柄のスーツが理想です。

たとえば、スーツがダボダボして大きい、タイト過ぎるなど体型に合わないスーツはだらしがなく見えます。

暑い時期なのに厚い生地のスーツを着ていては、暑苦しく見えます。

【カジュアル】

ジャージ・毛玉がたくさん付いている・穴あきが目立つジーパンなどは、きれいに着飾っている女性には印象が悪く、「非常識だ」と思われるので、やめましょう。

【服のサイズ】

あなたの体に服のサイズは適していますか？

大き過ぎず小さ過ぎず、自分の体型に合ったサイズを選べば、見た目の印象もスッキリします。

【服のシワ・汚れ】

汚れが目立つ、シワクチャな洋服では清潔感がないと思われます。清潔にしましょう。

【足元・靴】

「オシャレは足元から」と言うように、靴は汚れが目立たないように手入れをしてください。かかとを踏んだりするのは、印象がよくないので注意しましょう。

服に合った靴と靴下を履いてください。

革靴を毎日履く男性は、足の臭いに十分に注意してください。臭う場合は、消臭効果のあるものでケアしましょう。

【手・爪】

手や爪は、服装と同じくらい、女性から〝よく見られる〟箇所です。

女性は男性の手を必ずチェックします。手の汚れなどは論外です。伸びた爪は切りましょう。手が荒れていたり乾燥していたら、ハンドクリームなどを塗ってください。女性から「この手には触られたくない」と思われないよう、とくに清潔にしてください。

【香水】

香水をつける男性は、香水をつけ過ぎないようにしてください。女性は匂いに敏感です。微量で十分です。

このようなポイントを気にしながら、女性に不快感をなるべく与えないような身なりを意識してください。

服のセンスを他のお客さんと比較する女性もいます。女性もあなたが逢いに来てくれるのは嬉しいのですが、ファッションが「?」では、幻滅です。見栄を張ってブランド物や装飾品でお金を掛ける必要はありません。シンプルでいいのです。

好印象のファッションとは、不快感を与えないのはもちろん、**〝清潔感があり、サイズが合った服装で、あなたがバランスよく爽やかに見える〟ファッション**です。

初めてお店に行く人、経験が少ない人のために

ここでは、夜のお店に行ったことがない初心者や経験が少ない方に、どんなことに

注意しながら飲めば、安心して楽しめるかをアドバイスします。

その①キャッチされて飲まない

夜のネオン街には、キャッチ（飲み屋紹介人）が立っています。

近年ボッタクるお店などもありますので、「値段安くしますよ」「可愛い子、いますよ」など、彼らの甘い言葉に惑わされず、お店にいるスタッフからシステムを細かく聞いてから入るようにしてください。

もちろん、すべてのキャッチが悪徳でありません。

基本的にキャッチに連れられて入店しても、お客さんが直接お店に行っても、お店との値段交渉はできます。

キャッチがお客さんを連れてくれれば、お店からの紹介バックが発生しますので、お店側は、お客さんが直接来店してくれた方が利益になります。キャッチだから「値段が安くなる」と考えないように。

その②延長時には必ずスタッフが知らせてくれるお店が良心的

特に初心者は、楽しくて時間が過ぎるのをついつい忘れがちになります。自動延長制は、エンドレスです。会計時に、予算以上の金額になっていたら困りますよね。時間制の場合、スタッフが延長コールを知らせてくれる方が安心して飲めます。

その③女性の付回し回転数が〝3回転〟のお店がベスト

女性のテーブル回りの回転数はお店によって異なります。たとえばキャバクラで1セット60分・フリーであれば、女性が3回転するお店が理想的です。

呼ばれてもすぐに移動できないこともまれにあるので、多少着く時間は前後しますが、一人当たり約15~20分前後で席を交代していきます。

初心者であれば、この時間は少ないと感じるかもしれません。しかし三人の女性と知り合えて、好みのタイプを比較しながら選べます。これが2回転だと、女性の数が二人なので、選ぶにも選択肢が減ります。4回転だと、話す時間が少なくなります（10~15分前後）。

このように3回転というのは、タイプを比較するのに非常にいい人数と適度な時間なのです。

その④席に座る女性がドリンク注文を頼むお店は避ける

指名の女性ならまだしも、フリーで席に座る女性が「ドリンクいいですか？」と頼むお店は、売上げ重視で良心的なお店ではありません。もちろん会計も無駄に高くなります。

ウーロン茶やお水などで女性が乾杯するスタイルのお店が良心的です。それで、あなたが気に入った女性にドリンクをサービスして飲んでもらう方が料金を安く抑えられ得です。

ちなみに、私の飲みに行くクラブでは「女性からドリンク飲んでいいですか？」とはひと言も言いません。私が「飲んでいいよ」と言うまで彼女たちは頼みません。そのくらいマナーのあるお店の方が気分良く飲めます。そういったスタイルですと、「飲んでいいよ」と気に入った子に伝えることで、こちらの印象も上げられます。

その⑤延長時にも指名料が加算されるのはナンセンス

以前、キャバクラで場内指名をした時、延長のセット料金とは別に指名料も加算された事がありました。

たとえば、1セット60分、5000円、指名料3000円の場合、延長したらセット料金＋指名料も加算される——。こんな毎時の延長時にも指名料が加算するシステムを考えた経営者に対し、「現在の景気と、お客さんの気持ち考えていますか？」と言いたいですね。

その数千円の指名料で、お客さんの心も変わるのではないでしょうか？　と、私は思います。

もし、このようなシステムのお店の関係者様が本書を読むことがあれば「延長時の指名料加算」の見直しを、是非もう一度ご検討してください。

初心者・経験が少ない方にとっては、**指名した時に1回だけ指名料が掛かるお店は、無駄に料金が掛からず良心的です。**

どれくらいの頻度でお店に行けば、口説けるのか

どのくらいのペースでお店に通うのが、口説くのに最適なのでしょうか。

好きになった女性のいるお店に通えば通うほどお金は当然掛かります。頻繁に通っても、その女性を口説けなければ痛い出費になるのではないでしょうか。

「もう脈がない」と感じれば、見切りをつける人もいるでしょう。

なかには、見切りをつけるタイミングがわからない人もいるかもしれませんよね。

しかし〝回数〟などで決めるのではなく、その女性を「どのくらい好きなのか」という〝気持ち〟によると私は思います。

本当に好きならば、途中で諦めて後悔するよりも、あなたの気持ちを伝えて告白した方がいいと思います。

人生は一度きりです。**あなたの愛した女性と同じ容姿・同じ性格の人は、この世に二人といません。**

話が少し逸れましたが、女性を口説く場合、あらかじめ「通う頻度と時間にメリハリをつけて」私は飲んでいます。

それは〝**週1回・時間は90分まで**〟**を目安にする**ということです。

なぜ、そのように決めているかといいますと、もちろん効果があるからです。

まず時間を90分以内と決めることで「会話が続かない」「雰囲気がダラケてしまう」状態が回避できます。このような状態で一緒に飲んでいても自分に対する印象が悪くなるばかりです。もちろん料金が無駄に高くなるので、時間もお金もメリハリが重要です。

通う頻度を週1回にしている理由は、「平日は仕事なので、翌日の仕事に影響を残さないよう、（お酒などを）控えている」という印象を相手に与えるためです。もちろん忙しい時は、頻度が減ることもあります。

すると女性側から見て、時間・お金・仕事などに対してしっかり考えている「自己管理できるオトコ」のイメージがつき、印象良く思われます。

もちろん、惚れた女性と頻繁に会いたい気持ち、できるだけ長く一緒にいたい気持ちもわかります。しかし、恋人関係でない状態で、「ダラダラ疲れた印象」「長時間いる事で話題がなくなりマンネリ化」「翌日の仕事にちゃんとまじめに行けるの？」など、**マイナスメージを女性に持たれると困りますよね。**

女性はお客さんに対してこのような不満は思っていても、仕事なので口には出しません。もちろん頻繁に通うこと、延長することで売上が上がれば女性もメリットがありますから、女性達は慎重に言葉を選びます。

このように私は、自分に合う適度な飲み方で〝時間・お金にメリハリのある人〟〝自己管理できる人〟の印象を、女性の心に残しながら楽しく飲んでいます。

是非あなたも適度な飲み方をして、恋のリングに花を咲かせてください。

支払い方で、印象は変わる

あなたの、夜のお店で飲む時の予算は、どれくらいでしょうか？

「キャバクラでお金を遣いすぎた」「クレジットカードの請求額が払えない」などの話をよく聞きます。

お店の会計には、現金払いとクレジットカードでの決済があります。夜のお店では、カードで決済すると「手数料」や「サービス料」の名目として数%加算され請求されます。頻繁に通う人であれば、現金決済をオススメします。

このような度を越えた飲み方ですと、結果的には毎回の支払いで大変になってしまいますよね。

時にはカッコつけたい男心もわかりますが。無理しなくても大丈夫です。

予算は人それぞれ収入によって異なりますが、毎月のお小遣いの範囲で、無理なく負担が掛からないように予算を決めて飲んでください。

私は、自分に合う適度な飲み方(週1回・90分まで)で飲むと前述しました。私はこのように頻度も時間も決めているので、自ずと予算も決まっています。無駄に多くお金を遣う事もありません。

お店に通う頻度も無理せず、忙しい時など都合が合わない時などは減らすこともしばしばです。

夜の女性は、お客さんの遣う予算に敏感です。

彼女たちのお給料と直結しているからです。

彼女たちの売上げで「時給・日給」が変動します。キャバクラでは時給制が多く、クラブでは日給制が多いです。入店して1ヶ月～3ヶ月は保障期間（お店によって保障期間は異なる）で給料も変動しませんが、保障期間が終わればお店の給料査定基準に沿って時給・日給が変動します。

そのため、女性はお客さんがいくら遣ったか金額を把握することで、給料査定がわかりやすくなりますし、自分の売上げ目標も立てやすくなるのです。

たとえば1万円で会計した場合には、「このお客さんは、1万円は払える人だ」と認識します。3万円で会計すれば、「このお客さんは、3万円は払える人だ」と認識します。

あなたが高額で会計したり、小額で会計したり〝コロコロ〟金額を変えて飲むと、「遣う予算が非常にわかりづらい人」「金銭感覚がない人」という印象を、女性は持ちます。

あなたが1万円しか払えないのに、「3万円分の注文をして！」とは女性は言いません。しかし、いつも3万円払う人が、1万円しか払わないと「なぜだろう？」「何かあったの？」など、金額が変わることを敏感に感じとる女性もいます。

そのような、**コロコロ金額を変える飲み方よりは、**あなたの無理なく払える予算を**○万円内と決めて、それを女性にわかりやすく伝えて飲む方がいいです。**

その方が「お金の遣い方が堅実な、しっかりしたオトコ」だと思われます。

たとえば、あなたの「遣える予算」が2万ならば、指名（担当）女性に、

「2万円で○○ちゃんに任せたから」

と、ひと言金額を伝えてあげれば、**女性は任されたことに使命感とやる気を感じて喜びます。**それに、任せた金額以上の金額にはなりません。

それを毎回同じ予算で任せてあげればいいのです。

ボーナスシーズンや、特別にお金に余裕がある場合ならば、

「ボーナスが出たから、今日は○○万円で任せたから」

と伝えてあげれば非常にわかりやすいですよね。**これで二人に〝信頼感〟が生まれ少しずつ距離が近くなります。**

ここで大事なポイントは、あなたから無理のない予算を女性に伝えて、距離を縮めて〝信頼感〟を得ることです。

あなたの懐を見せないかっこよさより、**〝懐をあえて見せて信頼感を得る〟ことが大事なのです。**

コラム　どんな女性がお店にいるのか？

7年の時を経て、現役キャバ嬢との恋の予感

それは、池袋での出逢いでした。

私は少し年の離れた後輩と一緒に、池袋のキャバクラでフリーで飲んでいました。

私の席に着いた最初の女性（Kちゃん）は、まだ入店して間もない18歳の女性でした。

Kちゃんは、ロングヘアーで身長が170㎝くらいあるスレンダーな女性でした。

入店して間もない女性は会話や動作もぎこちないところもありますが、仕方のないことです。それでもKちゃんはマメに灰皿交換やグラスの水滴などしっかり拭いていました。

「Kちゃん、入店して間もないけど、よく気が利くね」と私は言いました。

そんなKちゃんは、私に色々と気を利かせてくれ、仕事に対し前向きな姿勢の女性でした。

二人の年の差はひと回り近く離れていましたので、最初は幼い印象もしました。当時のKちゃんは学生だったので、学校の話などをしました。

Kちゃんは、「学費を自分で稼いで払うために」夜のバイトをしていたのです。

その話を聞いて、「若いのに偉いな」と思いました。

一般的に18歳の学生なら親族で学費を負担すると思いますが、親に面倒を掛けずに自分で働いて学費を払う事は素晴らしい事ですよね。

Kちゃんは少し幼く見えましたが、会話して楽しかったので、「Kちゃんと話していると楽しくて元気になるから、指名していいかな？」と尋ねました。

「ありがとう、うれしいです」と、Kちゃんは言ってくれました。

私の連れの後輩はKちゃんと年が近かったので、この日はみんなで楽しく飲めればいいと思っていました。**口説く男は場の空気を読むことも大切にします**。連れと一緒の時は、その人（連れ）も混ぜたトークをする事で、みんなで楽しむ飲み方ができるのです。

Kちゃんと後輩は年が近いので、**「世代的に共通点があるだろう」**と思いました。

キャバクラは、スナックやクラブなどと比べると若い女性が多いですが、年配のお客さんを接客しても大人の考え方や対応ができる女性もたくさんいます。

一概に年が若いからといって、上から目線で子供扱いをせずに接してあげることが大切です。

その日は店内が混んでいて、女性達もあちこちテーブル回りで忙しい状態でした。「今日はお店も込んでいるし楽しく飲めたから、そろそろ帰るね。忙しいけど頑張ってね」とKちゃんに伝えて連絡先を交換して帰りました。

翌日、「昨日は、ありがとうございました」と、Kちゃんから感謝のメールが届きました。このような感謝メールは嬉しいですよね。

その日以降も、Kちゃんと連絡を取りながら、Kちゃん指名で飲みに行きました。

しかし、Kちゃんに対しては「口説くこと」を考えずに楽しく飲もうと思っていました。それはなぜなのか自分でもわかりませんが、当時はKちゃんと接していて「友達として長く付き合えそうな女性」だと不思議に感じていたのです（夜の女性は、いずれは仕事を引退する人が大半ですが）。

それから、「7年の歳月」が経ちました。

私は、未だにKちゃんと連絡を取っています。

しかもKちゃんは、未だ〝現役のキャバ嬢〟です。

キャバクラを本業にしたのです。キャバ歴7年目のベテランになりました。その間、勤務先とエリアが変わり、現在は歌舞伎町エリアで勤務しています。

飲みに行くと「私達って、ちょ～長い関係だよね」と話しています。

Kちゃんは25歳になりました。長く付き合えそうな女性と思っていたら、本当に長い付き合いになりました。

私は、最近なんだか微妙な気持ちになっています。それはKちゃんからのメールが「ハートマーク」で届くようになったからです。Kちゃんに対してはずっと口説くことを考えていなかったので、特にアピールをしなかったのですが。ハートマークが頻繁に届くようになってから、私は少し意識してしまい複雑な気持ちになっています。

惚れたとか好きとか、そういう意味ではないのですが、今までの関係が「今後なにか変化する」かもしれないと感じているからです。

出逢いから7年経ち、逢う度に昔の話を二人で語りながら、Kちゃんは「7年間のメモリー（記憶）を感じさせる魅力的な女性」です。

ふと思えば、3年後には出逢いから10年目になります。

もし仮にKちゃんを好きになってしまえば、**「10年目のラブストーリー」が生まれるのか？**

今後は自分の気持ちもどのように〝変化〟していくのか気になる状態です。

第2章
相手をその気にさせる会話術

見逃してはいけない〝一瞬〟の変化

男性なら、好みのタイプの女性に友達としてではなく「オトコ」として意識されたら、嬉しいですよね。

しかし、ハッキリと「オトコとして意識している」と言われたらわかりやすいですが、そう言われなければ意識されているかどうかわからないでしょう。

女性から意識されていると判断するひとつの基準は、「仕草・態度」です。

相手のことが気になってオトコして意識してしまった時の女性は「ドキドキした気持ちになり」乙女心の恋の炎が点火する、とでもいいましょうか。この状態は、女性により多少異なりますが、仕草や態度に〝一瞬〟変化が見られるのです。その一瞬の変化を見極められるようになってください。

では、どのような変化があらわれるのか説明しましょう。

その①視線に〝一瞬〟変化がでる

たとえば、会話中に女性が〝突然〟目を合わそうとしなくなるなど、やたらと視線をそらしたりするのは、視線を合わせることが「恥ずかしい状態」になっています。

不思議に思っても「なんで目線そらすの？」とは女性に尋ねないでください。このような一瞬ですが、視線の変化が女性に見られた時は、オトコとして意識している瞬間なので、チャンスなのです。

その②顔に〝一瞬〟変化がでる

なんでもない会話をしているときに「顔をさりげなく見た・目が合った」などにみられる〝一瞬の〟照れて恥ずかしい仕草です。

このとき女性がドキッとして「顔がゆるんでしまったり」「頬が赤くなったり」「顔をそむけたり」「手で隠したり」する変化です。下ネタなど恥ずかしい話をしているのではありません。

顔が隠れているとわかりづらいですが、このような仕草が女性に見られた時は、オトコとして意識している瞬間です。

その③会話に〝一瞬〟変化がでる

夜の女性は会話に慣れているはずなのに、普段の会話と違う、普段の自分のトークができない状態の時です。

たとえば、特に変わった出来事もないのに、なぜか普段より「おとなしい状態」「口数が少ない」「会話がよそよそしい」「話し方がぎこちない」など、やたらと気を遣って言葉を選びながら話している時は、「嫌われないように話そう」と考えています。

そして極端な例では、「私もそう」「私も一緒・同じ」など、好みや考えをとにかく相手に合わせることで好感を得ようとしてきます。

このような態度が女性に見られた時は、あなたをオトコとして意識している瞬間なのです。

このように、**乙女心に恋の炎が点火した瞬間は、仕草や態度からも見極められるの**

で、その一瞬を見逃さないでください。

夜の女性も〝一瞬仕事を忘れる〟のです。

警戒心を解く、挨拶プラスひと言

日常での第一印象がとても大切なことは理解できると思います。

店内で働く女性達はお仕事中ではありますが、ひとりの女性でもあります。夜のお店では、女性が席に着いた時の「挨拶」がとても大事なポイントになります。

初対面では、感じが悪い挨拶はしないようにしてください。

あなたは、日頃どんな挨拶していますか？　挨拶を適当に交わしていませんか？

挨拶の仕方が悪いと、次の会話が楽しく入り込めない場合もあります。

自己紹介では、女性の顔を見てハッキリと言います。

そして、「お名前は何ですか？」と相手の顔を見てやさしく尋ねるようにしてください。

あなたの好き嫌い抜きで、それが出会いの瞬間ですので、印象は良くしてください。

もちろん指名している場合でも、初回の席に着く時の挨拶はしてください。

私は女性への挨拶は、「＋何かひとつ褒める」ことを心がけています。

間違いのない挨拶をして、女性をさり気なく褒めることができれば、あなたの印象がグッと良くなります。

「久しぶり、元気してた？」「いつもお疲れさま！」など、感じのよい挨拶を通して女性たちの警戒心を解いていきます。会話する上でも女性も安心感を感じます。

そして挨拶のあとに、女性の衣装や小物などに対しても褒め言葉を言ってあげてください。

たとえば「ドレス似合うね！」「きれいですね・かわいいね！」「おしゃれだね！」など、これも女性が嬉しくなるような褒め言葉を考えて言ってあげてください。

女性は「きれいだね、かわいいね」など褒められる事を嬉しく思います。

同じタイミングでは2度3度は言わないようにしてください。冗談や嘘っぽくとられたり、言い慣れた印象を与えてしまったらあなたのマイナスになります。

褒める時は、まず〝ジャブ〟としてそれらのセリフをさらりと決めてください。

焦らず基本の挨拶は忘れず、そしてひと言を添えてください。

お店では、時間が限られています。その時間であなたのいい印象を残さなければいけません。でなければ、女性の心の扉に近づく事ができないのです。

女性も接客しながら「感じいいお客さん」「感じが悪いお客さん」など、その場で判断します。

印象が悪ければ、お店に何度も通っても口説けません。

すなわち、**初対面での簡単な挨拶と、そこに添えるひと言が、心の扉に近づく最短の道なのです。**

タイプ・性格を分類して見極める

さまざまなタイプの女性が、夜のお店で働いています。

OL、学生、ナース、保母、秘書、公務員、大手企業の社員などなど。

日常では出逢うことがない業種を経験した女性もいますので、それも楽しみのひとつですよね。

あなたが惚れた女性はどんなタイプなのか？　何を目的にしているのか？　当然それらを理解することは〝口説く〟うえで役立ちます。

ここでは、女性の「タイプ・性格」を分類し、5段階で評価しました。星の数で、〝オススメ度〟と〝口説きやすさ〟を示しています。

タイプ①貯蓄タイプ

ある目的があって貯蓄するために働いているタイプです。

この貯蓄タイプは、「単にお金稼ぎたい」とか、「漠然と旅行に行きたい」などではなく、目的がすでに決まっているタイプです。目標にしている貯蓄額が高額な女性です。

たとえば「留学したい」「資格学校に通いたい」「家を買いたい」などです。

貯蓄タイプの女性を口説くにはかなり苦戦します。なぜなら目的を達成する事＝「貯蓄」が恋愛より優先と考えているので、口説くのにも時間が掛かるからです。

「(私の夢を) 応援してね！」なんて言われたら、あなたも困りますよね？　お金が掛かってしまいます。

このように貯蓄タイプ女性は〝目的が貯蓄〟なのでできれば避ける方がいいです。どうしても惚れてしまっている方であれば、貯蓄が達成する間は応援するのもいいと思いますが、貯蓄達成時に、お店を辞めて連絡がとれなくなる女性も多いので、それを理解したうえでアプローチしてください。

オススメ度
★☆☆☆（1）
口説きやすさ
★★☆☆（2）

タイプ②夢キャラタイプ

夢キャラタイプは、きれいでありたいと願い続け、オシャレと自分磨きに努力している人や、「お嬢様系」「オタク女子」など自己の理想を追求するタイプです。

たとえば、自分の容姿、理想を追求するだけでなく、「付き合う相手に求めること」も高くなりがちです。この夢キャラタイプに惚れた場合には、あなたのセンスや容姿も重要なポイントになります。

会話の話題に、相手の好むファッションや趣味などの話題があれば「互いに共通した所がある」と好感度が上がります。

そして夢キャラタイプは、自分の理想を追求している分、人に褒められる事が何よりもうれしいタイプです。このタイプには、褒める〝ジャブ〟を会話中に2～3度は必要です。

ここで、気を付けてほしい事があります。

夢キャラタイプは、理想を追求する意欲はもちろん、プライドも非常に高いものです。小物や容姿に関するダメ出し「ヘンだね」「似合わない」など言われる事に対してはプライドが傷つきやすいので注意してください。

ダメ出しなどしたい場合には、「白も似合うけど、赤も最高に似合うと思うよ！一度見てみたいな」などさりげない表現をしてください。

このような伝え方であれば、夢キャラタイプは素直にアドバイスとして受け止めてくれます。

夢キャラタイプは〝自己の理想追求が強い〟ので、あなたも今まで以上には、容姿・ファッションには敏感になりましょう。

それは自分を磨くことにつながるので、けしてマイナスな事ではありません。内面磨きも大事ですが、外見磨きも大事ですし、夢キャラタイプとの共通の話題にもなります。

いつまでもきれいでかわいくオシャレでいてくれたら、男性は嬉しいですよね。

オススメ度
★★★★☆（4）
口説きやすさ
★★★★☆（4）

タイプ③女王様タイプ

お店のナンバークラスで、売上げもありトップの座を目指す努力を怠らない野心家タイプです。

数々の試練を乗り越えて、上り詰めた人です。

やる気と根性があり、男性からしても〝頼れる女性〟と感じるでしょう。接客においても、まさに「女王様」と呼びたくなるほどアメとムチの使い分けが得意な女性でもあります。

相談すると、悩みをやさしく聞いてくれて（アメ）、「もっと頑張ってよ」「しっかりしなさい」などの〝上から目線のアドバイス〟をしてくれます（ムチ）。

M系男子なら頼もしい存在ですね。

女王様タイプには、相談したくなるような頼りがいのある女性が多いので、こちらが「ネチネチ・グチグチ」した話をすると、「情けない男」と思われます。

仕事に対するプライドも高く、数多くの試練を乗り越えてきただけに、多くの女王様は弱音を吐きません。このような女性を口説くには、「女王様の相談や悩みを聞けるような男」になってあげてください。〝聴き役〟になることも大切です。

女王様タイプは、本音をさらけ出せてからは、案外早く落ちることがあります。

女王様が〝弱音を吐ける執事のような存在〟に、あなたがなれるかどうかがポイントです。

オススメ度
★★★☆☆（3）
口説きやすさ
★★★☆☆（3）

タイプ④癒し系タイプ

やさしくおっとりした話し方、一緒にいると気分が癒される女性です。

芸能人だと、安めぐみさんや、宮崎あおいさんなどが癒し系に当てはまります。

夜の女性では、クラブなど着物姿で働く女性達にこの要素をよく感じます。

それと、癒し系には聞き上手な人も多いですよね。

男性の話を、「うん、うん」と口数少なく頷いて聴きてくれ、的を得たアドバイスもしてくれます。

男としては、何か物足りないような感じを受けるかもしれませんが、結果的には癒されているのでしょう。それが、癒し系の魅力のひとつです。

日々忙しいビジネスマンには、癒し系女性もいいですよね。

もちろん私も、癒し系女性を口説きました。

一緒にいると癒され、電話でも癒されました。一方、夜の営みでは180度、変化する女性もいました。そのギャップも魅力でした。

私が口説いた癒し系は、SEXが好きな大胆な女性が多かったです。普段は、恥ずかしそうに振舞うのですが、夜のベッドでは変わりましたね。

何が言いたいかというと、癒し系を口説くには、体力を付けてください、ということです。

癒し系女性を口説くときは、「頼りがいのある男」「リードしてくれる男」「タフな体」になることが重要なポイントです。癒し系は、こちらの言う事をやさしく聞いてくれる事が多く、「男についていきたい」タイプの女性が多いです。

オススメ度

★★★★★（5）

口説きやすさ

★★★☆☆（3）

このように色々なタイプ・色々な性格の女性が夜のお店にいます。あなたも会話をしながら少しずつ女性を理解して、口説いてください。

「営業トーク？　それとも本気？」相手の本音を探る〝ゲーム〟

女性との会話で、「それって営業トーク？　本気？」と、頭を悩ませた方は多いと思います。

女性は「仕事」として、キャバクラやクラブなどで働いています。接客業です。ですから、女性が「褒める」「おだてる」ことがあるのは当然と考えてください。むしろ、仕事なので当たり前で良いことなのです。一般の仕事にもマニュアルがありますよね。それと同様です。

ですから、褒める、おだてる言葉などを言われたら、素直に「ありがとう」と受け止めてください。

「口がうまいね」「営業トークでしょ」「誰にでも言ってるんでしょ」など女性に対して言わないように。素直に「ありがとう」とひと言でいいのです。

相手の言葉に猜疑心を抱いてしまい、素直な心で話せなくなってしまうと、相手も素直な気持ちを見せてくれません。

ピュアな気持ちになり頭を空っぽにしてください。

まして社交場ではお酒が入ります。褒められても、おだてられても気分良く飲むようにしてください。

私は十数年にかけて様々なタイプの女性を口説いてきました。

女性の本音を探る、ひとつの方法として、ある〝ゲーム〟をしています。

それは、王様ゲームでもなく、割りばしなどの小物も使いません。

ではどんなゲームかいうと、「冴木流　真実ゲーム」です。

質問に対して嘘を言ってはいけない、つまり「真実しか言えないゲーム」なのです。

その質問に対する回答を〝真実〟として受け止めます。

シンプルなゲームですが、「本当の事しか言えない」というプレッシャーがあり、質問の内容次第では、ボケツを掘る場合や、周囲が気まずくなる場合もあります。事前に聞きたい質問を何個か用意しておくようにしましょう。

私は真実ゲームをする時、真剣な表情で相手の目を見て伝えます。

私が質問するのは次の3個です。

このとき質問は、ひとつずつではなく同時に3個伝えます。

真実ゲームその①　今週の休みに、どこに行きたいですか？
真実ゲームその②　いま一番欲しい物はなんですか？
真実ゲームその③　「愛したい」と「愛されたい」ではどちらがいいですか？

これらの質問で、次のような答えが返ってきたとします。

①今週の休みに、どこに行きたいですか？
　回答・買い物に行きたい。

②いま一番欲しい物はなんですか？
回答・彼氏（恋人）がほしい。
③「愛したい」と「愛されたい」ではどちらがいいですか？
回答・愛したい。

相手の回答は、もちろん真実として素直に受け止めます。
この真実ゲームで〝何が〟探れたかと言いますと、
まず①の質問は、ウォーミングアップとしての質問です。**②と③が、本当に知りたい本題です**。
②の回答が彼氏（恋人）と回答した場合、現在彼氏がいない女性であることが大半です。
彼氏がいる女性なら、②の回答を「彼氏」とは答えません。その場合は、「ブランド品」や「バックや小物」「宝石」「お金」などを答えます。
③の回答で「愛したい」と答えた人は、現在好きな人がいない女性（彼氏ナシ）が、「男性を愛したい（好きな人がほしい）」との理由でこの回答をします。

彼氏がいる女性の回答では、女性側はすでに「彼氏がいて愛している。好きな人がいる」から、「彼氏にもっと愛されたい」という願望から「愛されたい」と回答します。

私は、このように「真実ゲーム」で本音を探ります。回答が、「②彼氏、③愛したい」なら、「フリーで恋人探している女性」だと受け止めます。

是非、あなたも「真実ゲーム」で女性の本音を探り出してください。

相手の本音を探る〝言葉の仕掛け〟

夜の女性は、駆け引きが得意です。

しかし、あなたが下手な駆け引きをして、相手に「見抜かれる」ようなことがあれば、あなたに対して不信感を抱くでしょう。

男性なら、「口説きたいから、有利な方向で進めたい」と考えるでしょうが、駆け引きがバレると、相手は一気に冷めます。

発言や行動で嘘をつき、「自分のことをどう思っているのか?」を知ろうとして、その嘘がバレると、冷めてしまうのです。

たとえば、気になる女性に出逢い、「彼女いますか?」と聞かれたとします。

本当は恋人がいる男性が、**「彼女はいない」**と言うと、「ほんとに彼女いないの?」と言わないまでも、休日の過ごし方などを会話中に聞いたりし、**「女性の影」を探るトークを女性はします。**

恋人がいる男性は、容赦のない質問攻めでハラハラ・ドキドキ。

奥歯に物が挟まったような返答ならば、**「怪しい」と気づかれることもあります。**

「女性の勘」は鋭いです。部屋に落ちてる女性の髪の毛を発見するくらい、なんてことはありません。

恋人がいるのに、「彼女いない」と女性に伝えて飲んでるお客さんは、「星の数」ほどいるでしょうが。

さりげない駆け引き、見抜かれにくい駆け引きなら、理解できますが、本来、駆け引きは疲れますよね。

ある日、私は銀座のクラブで一人で飲んでいました。

そのクラブには、カラオケもできる小さい個室ルームがありました。メインルームより3000円高いですが、そこは個室でムードがありました。

その日、私の担当（Aちゃん）に会いに行きました。

知り合って2回目ですが、Aちゃんは、男慣れした会話上手な女性で、大人の男性に好かれるタイプです。

カラオケルームのモニターには、音楽をかけていない状態のときは、「自然の景色」が映っていました。その映像を見て、

「きれいだね、この景色の場所は癒されるね」と私は言いました。

「いいな～、こんな所に行ってみたいな」と　Aちゃんも言いました。

そのAちゃんの言葉を聞いて、

「**もっと**仲良くなれたら、行ってみたいね」と、Aちゃんの顔を自然に見つめながら私はつぶやきました。

ただ仲良くなるのでなく〝**もっと**〟仲良くなれたら、と伝えたのです。

Aちゃんは、「エッ、もっと?」と、小さい声で独り言を繰り返すように、その「微妙な発言」の意味を考えているようでした。

「もっと仲良く」の意味の解釈も色々ありますよね。

Aちゃんには、「この〝微妙な発言〟の意味をあとで考えてください」という意図で、私は別の話題に変えました。

その日は「微妙な発言」でAちゃんを〝モヤモヤさせて〟別れました。

翌日、Aちゃんからメールが届きました。

「昨日は、ありがとう。会えて楽しかったよ。来週時間あれば食事行きたいな?」という内容でした。

Aちゃんは、「もっと仲良く」をいい解釈で考えてくれたようです。

相手に気がないなら、悪い解釈での返答や、話題を逸らしますから。

まだ日が浅い関係では、〝さりげなく〟伝えるようにしてください。

恋人関係でないと重く受け止められることがあります。


このように、**大事なフレーズ部分を強調する〝言葉の仕掛け〟で本音を探ることが**

できます。「もっと……」「ずっと……」など、場面では有効です。

大切な会話のリズム

みなさん「キャバクラ・クラブ」などで女性と会話をしたときにぎこちなささを感じた事はありませんか？

その状態のとき、相手も〝違和感〟を感じているでしょう。

ここでは、その違和感を解消するために、会話で大切なリズムについて説明します。

夜のお店に行くときは予算があり、時間は限られていますよね。

時間制のお店では、時間が経過すれば延長料金が加算されますので、ダラダラした会話・溜め込むトークなどは避けるべきです。

ちなみに自動延長のお店では、自分でチェックしなければいけませんので、時計はさり気なくチラ見する程度にしてください。女性の気に障るような事がないように、たとえばトイレに行くついでなどに確認してください。

その限られた時間であなたの印象を残すことができるかどうか、が勝負の分かれ目です。あなたがお金を払うのですから、タジタジになる必要はありません。自然にしてください。

一般的に、会話はキャッチボールにたとえられます。

社交場でのキャッチボールは会話の〝プロ〟である夜の女性なら、カーブ、フォーク、ストレートなど変幻自在のトークが展開されると考えてください。

ただのキャッチボールだけではなく、複数の球種が飛んで来ることを想定して、しっかり受け止め、投げ返せる体勢で臨まなくてはいけません。

まず会話ではしっかり耳を傾けて聞き、流さずに受け答えしてください。

同じ質問を繰り返し聞いたりするのは失礼にあたる場合もあります。**限られた時間で、いい印象を与えるために〝リズム〟が重要だと心掛けてください。**

女性から質問されたら、時間を掛けすぎず、スムーズに受け答えをしましょう。

相手の話が途中にもかかわらず、次の話題に急に展開することはしないでください。

特に女性は徐々に話を展開して面白くしたいと考えているようです。コロコロ話のネタが変化したら、聞いているだけで疲れてしまいます。

お笑い芸人のように口説く訳ではありません。そこを理解してください。

女性に繰り返し同じことを聞かれたとしても、面倒がらずにやさしく教えてあげてください。そのぐらいの余裕を持って接してください。

女性は、お仕事でたくさんのお客様を接客しています。そのために、一人ひとり何を話したか、何を答えたかなど細かく把握できるわけではありません。

一歩引いた考えでそこは理解してあげてください。


女性はあなたに対して、「自分の話を聞いてくれない」「返事が適当」「つまらなさそうに聞いている」「こちらのペースに合わせてくれない」「早口で聞きづらい」「会話の展開が早すぎる」「そもそも話の内容が理解できない」など、口に出さなくても色々と思いながら会話しています。会話の内容だけではなく、女性にこのように思われないような気づかいとリズムをもって会話してください。

相手との距離とボディタッチ

ここでは女性との距離感とボディタッチのお話をします。

距離

あなたと女性との距離間はどれくらいですか？

タイプの女性だからといって、近い距離で座ってしまう事はありませんか？

私は「こぶし横に4～5個分」くらいの距離で会話します。

女性は距離が近いと「話しにくい」「顔が近くて恥ずかしい」「唾がかかる」「口臭・体臭がキツイ」など気にすることがあります。

そして、それが原因で会話がギクシャクすることもありますので、女性とは近くもなく離れ過ぎない距離で会話してください。間違っても餃子やニンニクなど臭いの強い料理を食べた後に女性と会話することのないよう注意してください。

もし臭いの強い料理を食べた後に会うならば、歯磨きなどして、薬局やコンビニで販売している口臭清涼剤などで息をリフレッシュしてください。

自然に声が聞こえて話しやすい距離が理想です。無駄に声を大きく出す事もなくお互いが自然に話せます。

仮に、女性があなたの方に寄ってきた場合は、嬉しいですよね。恋のサインかもしれません。

ボディタッチ

会話中に女性の体を触る方をよく見かけます。彼氏・彼女の関係ではないので、軽々しく触れてはいけません。男性と女性では、女性の方が体を触られる事に抵抗感がありますので、ご注意ください。

占い師でも専門家でもないのに「手相みてあげるよ」と女性の手に触れる経験をされた方もいると思います。あまりお勧めしませんが、それでも触る前には、一度、女性に確認してから触れるようにしてください。

しかし、当たる確信のない占いならば、やらない方がいいですよね。

私でしたら、占いに興味ある女性であれば、占いの本を１冊プレゼントします。

千円前後で購入でき、それで女性が喜ぶのであれば、安い買い物だと思います。

その後の会話で占いの話が出た時に、「あの時プレゼントもらったわ」と思い出してくれたりすれば、好感度もいいですよね。もちろん、占いを信じない女性もいます。占いに興味がなければプレゼントしても意味がありません。

聞いてはいけないNGテーマ

ここでは、女性に「聞いてはダメ」「聞かない方がいい」内容をいくつか項目としてまとめましたので説明します。

プライベート

女性が嫌がっているにもかかわらず、プライベートな質問をしてしまう方などいませんか？

たとえば「本名」「スリーサイズ・体重」「住んでいる所」「家での過ごし方」「家族の名前・職業」などです。プライベートな質問で、ずかずか懐に入り込まれることを嫌う女性もいるので、注意してください。

なるべくプライベートな質問はあなたからしないように。できれば会話の中で女性〝自ら〟話すまで待ってください。

仲良くなってから、女性から聞いてきたタイミングで聞き返す方法もあります。それでもある程度浅く止めておきましょう。

そして「スリーサイズ・体重」は絶対に聞かないようにしてください。友達関係でもなく、女性にしてみれば仕事での接客ですので、それを理解した上での質問をしてください。

恋愛経験

女性の過去の恋愛事情は、とても気になりますよね。しかし、いい思い出ばかりでなく、苦く辛い思い出、忘れたい思い出もあるかもしれません。

「元彼との別れた理由」「元彼との交際期間」「付き合った男性の人数」「体験人数」などの質問をした事がありますか？

このような質問は、女性は友達同士でも隠したり、話しづらいこともあります。

男性としては、女性の過去は気になりますが、女性の寂しい表情を見ながら会話しても楽しくないし、「デリカシーのない人」と思われる場合もあるので、聞かないようにしてください。

仮に女性から、過去の恋愛事情を〝自分から〟話してきた場合には、聞いてあげてください。

相手の年齢を尋ねるタイミング

初対面の異性にまず尋ねようと思う事は、「名前」と「年齢」が多いですよね。やはり女性も男性も相手の年齢は気になるでしょう。

しかし、年齢を聞く事に対して、当然気に障る女性もいます。

女性から、あなたに年齢を聞いてきたタイミングで聞くなどがいいですね。

女性の年齢が25歳以上だと感じた場合には「差しつかえなければ、何歳ですか?」との聞き方がベストです。

男性と違い女性は、年齢に対して敏感です。25歳を越えたあたりで年齢を気にする女性が多いです。25歳からを「若くない」と考える女性が多いようですね。

30歳の三十路ライン、40歳からの四十路ラインは、熟女になる分岐（熟女分岐点）のように思います。

女性の肌のハリ・ツヤが、年齢と共に変化するのでしょうか。変化する分岐と感じているのでしょう。

世間では、30代をアラサー、40代をアラフォーと呼ぶのが流行りましたが、「アラサー・アラフォー」「三十路・四十路」など、女性に対して男性が言うのは失礼ですよね。

年齢を重ねた女性（熟女）にも、魅力的な人がたくさんいます。女性も人生経験が豊富になれば、魅力が増してくるのでしょう。

お店では、熟女で離婚歴ある子持ち女性も働いています。子供を養うために、一生懸命働く姿は尊敬できますよね。子育てをしながら働くことは、男性にはとても難しい事だと思います。男性も年齢を増すことで、頼られる魅力的な男でありたいものです。

ちなみに女性が、「私、もうおばさん。年だよ～」と年齢を気にしている発言をした場合には、「年齢より若く見えるよ」などの、返し方がシンプルで理想です。

そして年齢を教えてくれない女性には、あえてしつこく聞かず、「(見た感じより)若く見えますね」と言えば、嬉しく思い、年齢を素直に教えてくれる事があります。

いずれにせよ、女性に年齢を聞く際は気づかいを忘れないでください。

さらに印象を良くする、指名する際の〝ひと言〟

夜のお店で飲んでいて、女性を指名(場内指名)する時、あなたはどう指名していますか?

お店のボーイさんなどに「○○さん指名」と、伝えていますか?

私は指名する際には、事前に指名理由を女性本人に伝えています。

なぜ、「指名したのか?」その理由がわからなければ、女性はどう思うでしょう。

「なんで私を指名したんだろう?」「素直に喜んでいいの?」など、疑問を持ちながら接客するのも、頭がモヤモヤしますよね。

あなたは気に入った女性と話せて楽しいかもしれませんが、女性側は、「指名された理由がわからないで接客する」ことは落ち着きませんね。

このことは、一般のビジネスにもあてはまります。

数多くある競合他社のなかで、「なぜ、御社を選んだのか」という〝言葉（理由）〟を伝える・伝えないのでは、（同じギャランティーであっても）相手のモチベーションが大きく変わってきます。

とくにプロフェッショナル（専門家・職人）ほど、自分の仕事に誇りを持っています。

キャバ嬢・ホステスこそ、まさに〝人気商売〟です。

指名した理由を伝えないのはもったいないです。

ぜひ伝えてあげてください。

「気に入った・好みのタイプ」の女性を指名する際は、女性になぜ指名したのか、その理由が女性に伝わるような指名の仕方をしてください。

そして「好みのタイプで、話していて楽しかったから指名していいかな？」など、女性に事前に確認をします。

なぜ確認するかと言うと、女性にも「指名されてもいいお客」「指名されたくないお客」などもいるからです。お仕事とはいえ、人間ですから、「ウマが合う・合わない」「生理的に無理」など、なんらかの理由で好き嫌いがありますから。

万が一、「このお客さんには指名されたくない」と女性が感じ、指名を避けたい場合などは、「他にも可愛い女性たくさんいますよ」「この後、かわいい女性きますよ」など、「指名を避けるような言い方」をします。お仕事なので、本人を目の前にして、ストレートに「指名は嫌です」とは、言えません。

だから私は、指名する際には事前に指名理由を伝えているのです。

事前に伝えることで、「男性の好みのタイプだった」「私と話して楽しかったので指名された」など、指名された理由がわかるので、指名された事に疑問を抱かずに席に着けます。

女性から指名OKの返事なら「指名を避けるお客さん」でなかったことになります。第一関門はクリアーです。その後、ボーイさんなどに「○○さんを指名します」と伝えます。

場内指名は「①女性に確認」→「②ボーイ・スタッフに伝える」の手順でしてください。

名刺を戴くタイミング

お店により異なりますが、席について自己紹介し、名刺をすぐに渡す女性もいれば、お客さんから「名刺をください」と伝えないと渡さない女性もいます。

あなたは、女性の名刺を戴きたいけど、どのタイミングで戴けばいいのかと、悩んだことはありませんか？　なかには「名刺を戴かないまま時間が経過し、飲み終えてしまった」という方もいるでしょう。これだと帰りの夜道では寂しい気分ですね。

ここでは、「名刺をください」と伝えないと渡さない女性に対し、どのタイミングで名刺を戴けばいいかを説明します。

私は、フリー（指名無し）で飲む場合、その女性が**「席を移動する最後のタイミング」で名刺を戴くようにしています**。このタイミングは、スタッフ・ボーイさんに、女性が交代（チェンジ）で呼ばれた時の〝最後のタイミング〟です。

女性がチェンジする最後のタイミングで、「楽しいと時間が経つの早いね」「今日はお話できて楽しかった」など、気持ちを伝えてから、「名刺をいただけますか?」と、伝えます。それまでの間は、会話を楽しむようにしています。**その楽しかった会話を、名刺を戴く「口実」にするのです。**

そうすることで女性は、ただ事務的に名刺を渡すのではなく、**〝気持ち良く〟名刺を渡せることができるのです。**

なかには、自分でオシャレに名刺をデザインする女性もいます。一般男性は、会社の名刺を勝手にデザインできませんが、夜の女性は時間を掛けながら名刺に凝ったデザインをしていますね。

そういったかわいい名刺などを戴いたときは「この名刺かわいいね」「このデザイン、オシャレだね」とひと言、褒めてあげましょう。

名刺には「自分の顔、源氏名、印象などを憶えてほしい」という気持ちも籠っています。いわば名刺は自分を売り込むアイテムのひとつなのです。

このように、すぐに名刺を戴くより、最後のタイミングで気持ちよく名刺を渡せるようにしてあげれば、あなたの良い印象が残ります。

信頼される男、信頼されない男

夜の女性たちは「浮気」には敏感です。

「(他の店に行って) 他の女の子にもそう言って口説いているんでしょ?(私だけじゃないよね?)」と、口にはしないまでも心では思っています。

私にも失敗はあります。

口説きたい女性のお店で飲んでいた時に、かつて口説いた女性がヘルプ女性として席に着いた時がありました。背筋が凍る気分になりました。

ヘルプ女性は、以前のお店を辞めて、偶然にもその日「体験入店」していたのです。

こんな状態が起きない様に、店内の女性達の顔を、ぐるりと一度確認することを習慣にしました。

失った信頼を取り戻すのが大変なのは、夜の女性であろうとなかろうと同じです。

女性から信頼を得る事は、男性として大切なことです。

「女子会」というのをご存知でしょうか。

複数の女性達でおいしい料理やお酒を口にしながら、仕事や恋愛などを語り合う食事会です。

銀座のレストランバーで、知人と食事をしていた時の出来事です。

しばらくすると女性客が来店しました。25歳~30歳代くらいの女性達でした。

シックなスーツを着こなした様子から、銀座界隈で働いているキャリアOLだとわかりました。

そうです、この女性たちの集まりが「女子会」だったのです。

しかも私達の席の真横に座りました。

私は、この女性達がどんな話をするのか、興味がありました。もちろん私の知人も、同じでした。

しばらくして、女性達のテーブルには料理がたくさん運ばれ、お酒も入り、ほろ酔い状態になりました。

すでに来店してから1時間は経過していました。

席が真横だったので会話もそれなりに聞こえました。

女性達の一人が、酔いが回ったせいか強い怒り口調で話しはじめました。


（A子）「聞いてくれる、上司が仕事中にスケベなこと言ってきて全然信じられないんだけど」

（B子）「えーっ、サイテー」

（C子）「わかる、わかる、その気持ち。キモイ」


おそらくA子さんは、誰にも言えずにストレスが溜まっていたのでしょう。

上司も惨めなものです。コミュニケーションをとろうと〝よかれ〟と思って言っているのかもしれませんが、女性社員にシモネタを言ったあげく、女子会の〝ネタ〟にされているわけです。全くの逆効果なのです。

仕事中に男性がするシモネタは、女性にとって耐えられないのでしょう。

女性は、男性と違い痴漢やセクハラに敏感です。

恋人以外の気のない男性からシモネタを話されると、「そういう対象として見られたくない」という不快感を、多くの女性が抱きます。

このような〝失言〟で、女性から嫌われても困ります。

場を考え、場に合った行動をしてください。

では女性からみた、「信頼できる男」と「信頼できない男」の違いとはなんでしょうか？

信頼できない男

立場と場を考えない言動をする

約束と時間を守らない人

嘘をつく人

できないことを、「できる」と軽々しく言う人

時間にルーズな人

自己中心的な人

信頼できる男

女性に紳士的な態度で接してくれる
約束と時間をきちんと守る
周りの意見に耳を傾けて、話をしっかり聞いてくれる
こちらにアドバイスなどもしてくれる

信頼できない人間の反対が、信頼できる人なのです。

まずは焦らずに信用される行動・発言を積み重ねてください。自然と信頼されるようになります。

月並な言葉ですが、夜の女性たちと恋をするときは〝誠実さ〟を、今一度大切にしてください。

本気で惚れたのなら、相手が目の前にいるときだけではなく、いない時もそれを意識してください。「あぁ、やっぱり……」と相手をガッカリさせないためにも。

〝ハズさない〟褒め方

先に、「褒める」ことの重要さに触れましたが、ただ無暗に女性を褒めればいいわけではありません。

褒める「ポイント」を間違えてしまったために、かえって相手が〝疑って〟しまうこともあります。

たとえば、女性が「今日のメイク、イケてない」と思っていたとします（当然、女性のメイクがイケている日もあれば、イケていない日もあります）。

「いつも可愛いね」とその女性を褒めたとしましょう。

あなたからしたら〝単純に褒めた〟つもりでも、女性からしたら、

「今日のメイクはいつもよりイケテないのに……」

と、〝疑問〟を感じる人もいることでしょう。

「顔が？　ホントはそう思ってないんじゃないの？」

「〝いつも〟って……？　何で、イケてないメイクの日に褒められたんだろう？」

このように思う女性もいますので、**〝単純に褒めればいい〟のではありません。**

「疑わずに受け入れてもらえる褒め方」をすることが時には大切です。

疑いようのないことを、具体的にわかりやすく褒めるのです。

たとえば、マニュキュアの色がいつも「ピンク色」だけど、その日は「青色」にしていたとします。

ただ、その色が変わったのが〝今日なのか・先週だったのか〟までは、わかりません。そこで、

「ネイル（爪）、青も似合うね」

と、褒めるのです。

色が〝青である〟ことについては、疑いようがありません。

その他にも「顔が」「手が」など、具体的なポイントを褒めてください。

このような褒め方をすることで、女性は素直に受け入れてくれるのです。

どうしても注意しなければいけないとき

相手を注意するとき、「(相手に）嫌われたらどうしよう」「気まずい空気になったらどうしよう」など、思わず考えてしまうことがありますよね。特に女性に注意することにためらいを感じる男性は多いと思います。

「他の人が注意してくれれば助かるのに」と思うかもしれません。

しかし、どうしてもあなたが注意しなければいけない状況もあります。

そこで覚えてほしいのが、「注意したいこと」を〝感謝〟と〝謝罪〟で挟む言い方です。

これならば、相手が〝イヤな気持ち〟を抱かずに、こちらの言い分を受け入れてくれます。

（例）ある日、会議で使う重要な書類をデスクに置いて、外に食事をしにいきました。

しばらくして、毎日オフィスを掃除する女性が来ました。デスクを掃除するのにジャマなので、その書類（女性は大切と知らない書類）をいったん、本棚の端に移動し掃除しました。掃除が終わり、書類を元の位置に戻し忘れて、女性は帰ってしまいました。

食事を終え書類を取りにデスクに戻ったら、なんと大事な書類が見当たらないことに気付きました。探しても見付からないので、掃除をした女性を呼びつけて、書類は見つかりましたが、「ちゃんと、書類は元に戻しなさい」と、一方的に注意してしまいました。

女性は、「自分が書類を元の位置に戻しておけば、注意されなかった」と反省する一方、

「大事な書類なら、デスクの引き出しに入れて誰にも触られないようにちゃんと保管しておけばいいじゃない」と、一方的に注意する男性に対し、いらだちを覚えました。


では、仮に男性が次のような注意をしたとするとどうでしょうか。

「いつも掃除ご苦労さま、助かるよ。
ちゃんと、元の位置に戻さないとね。
僕も、事前に伝えてなかったから大事かどうかわからなかったよね」

このような注意の仕方であれば、あなたに対し嫌な感情を抱くこともないでしょう。
この言葉には、

①感謝（いつも掃除ご苦労さま、助かるよ）
②伝えたいこと（ちゃんと、元の位置に戻さないとね）
③自分の至らなかった点に対する謝罪（僕も、事前に伝えてなかったから大事かどうかわからなかったよね）、が含まれているからです。

相手も一方的に責められていると感じることなく、素直に受けとってもらえます。
どんなに感情的になっても、怒鳴り散らすのではなく、**〝一呼吸おいて〟から、相手に歩み寄りましょう。**相手の立場と状況も理解してあげてください。

コラム　どんな女性がお店にいるのか？

老舗クラブで出逢った、グラマラスで大胆な美女

銀座の会員制老舗クラブで飲んでいたときのことです。

落ち着いた雰囲気の、きちんと教育をされた品のある女性達が多いクラブでした。システムは時間制ではなく、何時に入ってもラストまでの金額を支払います。ハウスボトルはないので、ボトルは別途料金が掛かります。

このクラブで飲む場合の料金目安は、初回でしたら10万円くらいの予算が必要です。

2回目以降は、ボトルが入れてあれば5～6万円くらいです。この店の場合、この料金はラストまで遊べるシステムになっています。

その日は、ソファー席が空いていなかったのでカウンター席で、担当の女性Mちゃん（28歳）と楽しく飲んでいました。

グラマー系を超えたダイナマイトバディーな女性でした。

以前、他店の知り合いのママのお店に行ったときに、そこで働いていているMちゃんと知り合いました。そのお店を退店して現在のお店に移ったのです。

現在のお店では、Mちゃんは勤めてまだ日が浅いです。銀座も夜のお店が多くありますので、働きやすい環境や条件等を求めて移動する女性も多くいます。

Mちゃんの現在のお店のママは、TVや雑誌などで度々取り上げられている有名ママです。そのお店にMちゃんは勤めはじめたのです。

銀座は激戦区なので、店に話題性があれば客寄せにも繋がります。それに老舗クラブは固定客が付いているので、それらも強みになります。

Mちゃんは、有名ママの老舗クラブを選びました。私の好きな雰囲気でしたので、楽しく飲めました。

その店で飲んでいるとき、誰もが知っている有名俳優（M・K）を見かけたことがあります。

銀座のクラブで飲んでいると、著名人を度々目撃します。有名人だからといって、プライベートで飲んでいるときに騒がないでいるのもマナーのひとつですね。

その後チェックして、Mちゃんと一緒に帰りのタクシーに乗りました。

帰る途中の車内で、「今日は来てくれてありがとう」とMちゃんが私に言いました。そして、「お店が移ってから日が浅いので、自分の知っているお客さんが来ると安心する」と、胸の内を話してきました。

誰しも勤めはじめて環境に慣れるまでは不安ですよね。そんな女性の気持ちを理解してあげることも大切です。

そして、Mちゃんの自宅に着きました。

Mちゃんは、帰り際に「おやすみなさい」と言って、頬に「チュッ」とキスをしてきたんです。あまりの無防備な状態のタイミングでキスされたので、一瞬目が点になりました。

それはもちろん嬉しかったですよ。

Mちゃんを送り、タクシーの車内で私はMちゃんのことを考えていました。普段は品のあるおしとやかな性格の印象だったのに、飲みすぎで酔っていた状態でもないのに、いきなりキスする大胆な所もある女性だなと感じました。

私は「ドキッ」とさせられてしまいました。本来キスは、男から求める場合が多いと思いますので、女性から不意にキスをされると男は戸惑います。

それでいて、ダイナマイトバディーな女性からのキスだと、いろんな意味でも反応が困りますよね。

クラブでは品があるおしとやかな女性が多いですが、その裏にひそめた大胆さも魅力のひとつです。

あなたの担当の女性も、もしかすると〝そんな大胆なところ〟があるかもしれませんね。

第3章

〝冷めない・忘れられない〟ための電話&メール術

最初のメール

仕事が忙しいとき、お店に行けないときもあります。

そんなときに、簡単なやりとりができるメールは便利ですよね。

時間が経つにつれ、相手の印象が薄くなることもあるので、あなたという存在はもちろん、「(あなたのことが) 気になっています」という印象を残すためにもメールは必要です。

もちろん、メールだけで済ませてはいけません。ちょっとした際の電話も重要なのです。

この章では、メールと電話を使った、ホステス・キャバ嬢とのコミュニケーション術を紹介します。

「最初のメール」をキャバ嬢やホステスに送るとき、どんな内容にすればいいのか悩んでいませんか?

最初に送るメール

To ○○さん
Sub

こんにちは！（＾＾）
昨日、お店に行った○○です。
○○ちゃん（さん）と話せて、楽しかったのでメールしました！
また、いい時間が過ごせたら嬉しいな♪

顔文字、絵文字は文章に合うものを使います。

アドレス交換をしたけれど、そのまま送らない人もいるのでしょうか？

最初のメールは、アドレスを教えてもらった当日、もしくは翌日の早めの段階でメールしてください。相手の印象が忘れにくいからです。

女性は、たくさんのお客さんを接客しているので、日にちが経過するたびに印象が薄れてきます。あなたの印象を残すためにも、早めにメールしてください。

そして、「かわいい」「きれい」など容姿を褒めるメールではなく、逢って過ごしたときの簡単な〝気持ち〟をメールしてください。長い文章や難しい内容などは、避けるようにしてください。相手が理解しづらいと、返信率が下がります。

最初のメールを送る時間帯

相手にメールを送る時間帯は、（12時~16時）までに送ることが理想です。

この時間帯であれば、掛け持ちで昼間も働いていなければ、お店の営業時間中や接客中より、バタバタせず返信しやすいので、返信率が高くなります。返信がすぐに来なくても、焦らずに待ってください。

女性は、複数のお客さんを接客します。

いわば、あなたのライバルたちです。

いい印象で飲み終えたなら、ライバルよりも早めに行動することが鉄則です。

その女性を狙っているのは、あなただけではありません。

「自分と女性」との恋のバトルだけではなく、自分とライバルとのバトルもあります。

一般女性と〝夜の女性〟との違いは、出会う男の数と口説かれる数です。

夜の女性の方が圧倒的に多いのです。

そのため、最初のメールはスピーディーに。

普段のメールを送る時間帯は、15時以降に送ってください。

返信がすぐに来なくても、焦らずに待ってください。

返信がなかった場合

メールしたけれど、3日間待っても返信されなかった場合は、残念ですが脈ナシだと思ってください。お客さんからのメールは、「お仕事」なので、たいてい返信します。

しかし、返信したくない理由があれば返信はされません。たとえば、「印象が悪い」「性的にムリ」など感じられた場合は、女性も無理してまで返信はしません。

万が一、体調が悪くて、返信できないことも考えられます。その際は一度、お店に「出勤しているか」確認をすればわかります。体調不良などで休みだと伝えられたら、1週間ほど返事が来るまで待ってみましょう。

メールの頻度

初期の段階で「どれくらいの頻度でメール・電話をする人か」の印象を残しておくことが理想です。メールの頻度は、2日おき3日おきなど、あらかじめ決めておけば、「いつメールしたかな？」「最近してないな」など、余分な事を考えずに済みます。

メール文章例

ここでは、キャバ嬢やホステスと逢えない時に、良い印象を与えるメールを具体的に紹介します。

女性と会えない日が続くと、そのうちあなたの印象も薄れていきます。お店に行けないときは、「忘れられないように」メールや電話を使って、印象を残してください。

女性が返信しやすいよう、見てすぐに理解できる（短くて、簡単）メールを心がけてください。

✉ 応援するメール

To　○○さん

Sub

○○ちゃん（さん）
お疲れ様です！（＾＾）
今日もお仕事頑張ってね！
（＾０＾）／
でも、疲れた時は、余り無理しないようにね！

応援するメールですが、体調を気遣うメールでもあります。いつも利用できるメールです。

✉ 気遣うメール

To　○○さん

Sub

○○ちゃん（さん）
お疲れ様です！（＾＾）
今日は、予報で雨振るみたいだから、傘を持って出た方がいいよ。
雨で滑りやすい所もあるから、足元に気を付けてね！

心配して相手を気に掛けているメールです。気温が暑い（寒い）ときにも使えます。

✉「何しているのか」気になったときのメール

To ○○さん

Sub

悪い例

○○ちゃん（さん）元気？
（＾＾）
今何してるの？？

「元気？」と尋ねているのに顔文字・絵文字を「笑顔」にしてしまっている。「何してるの？」の「？(質問)」攻めのメールは、相手からすると、「探られてる」「何してるかいちいち報告する義務ないでしょ」と思われます。

To ○○さん

Sub

良い例

○○ちゃん（さん）
こんにちは（＾＾）
今日は、天気がいいね！
最近は、元気してるの？
また、都合が合えば楽しい時間を過ごしたいな！

元気かどうかわからない場合は、前向きな気持ちになるようなメールを相手に送り、相手の様子、反応を確かめてください。

絵文字・顔文字・画像の活用法

ひと昔にくらべて、携帯も機能が増えて便利になり、絵文字の種類もだいぶ増えましたが、メールはあくまでも文章がメインです。

けれども絵文字は、文字だけでは伝わりにくい〝ニュアンス〟を上手に伝えることができるので、便利です。

文章と合っていない絵文字・顔文字の使用と、絵文字・顔文字の使い過ぎには注意してください。

画像は、恋人同士でない間は、必要な場合のみに送るようにしてください。

間違った絵文字、無意味な画像を送ることは、相手の女性からしたら迷惑なこともあります。

電話をするタイミングとその内容

ここでは、女性に電話したいけど、どのタイミングで電話したらいいのか？「電話したけど、出ないな、タイミング悪かったかな」などの、電話のスレ違いを解消する方法を教えます。

私は、女性に電話を掛ける場合は、次の点に気をつけます。

①時間帯　午後15時～17時まで（女性の営業時間外）
②話す時間　5分～10分
③話す内容　日常のこと（TV、雑誌、ニュース、遊び、仕事など）
④ペース　3日に1度

お店が営業時間中である夜は、接客などで忙しい状況も考えられるので、電話を控えましょう。営業中に電話をしないことで、「店が暇だから来て！」と女性から言われることもありません。だから、営業外の時間帯が理想なのです。

電話をする時間帯の午後15時～17時というのは、一般のビジネスマンにはとっては勤務中ですが、休憩時間など少し時間がある時に、電話することで、「仕事中にも気に掛けてくれている」と女性は感じられます。

もちろん、「ちゃんと仕事しているの？」と心配したり不審に思う人もいますので、あくまでもケースバイケースですが。お互いに気になっていれば嬉しい気持ちになりますね。

夜の仕事なので、キャバ嬢とホステスの生活リズムは夜型です（昼キャバを除く）。店によってまちまちですが、閉店時間が深夜1時もしくは2時頃。彼女たちの帰宅時間は通常2～3時頃。

そこから寝る支度をして、就寝時刻が約3～4時頃になります。

男性と違い女性は、寝る前にお肌のケアにも多少時間が必要です。就寝前の電話は気づかいましょう。

アフターがあれば帰宅時間はさらに遅くなることもありますので、女性が眠そうな声をしていれば、早めに電話を切りましょう。

会話は、お店で話した内容以外の話をすることもあります。

3日に1度のペースで電話をするのは、メール同様に、こちらのペースをわかりやすく伝えているのです。

ここで、ポイントがあります。普段の「メールの頻度」と「電話の頻度」は、ズラしてください。

たとえば初期段階では、「今日は、メールも電話もした」はＮＧです。「しつこい男」と思われます。メールと電話の頻度をズラして調整してください。「今日電話した、後日メールをした」。このようなバランスです。

仲が近づくにつれて、都合がいい時間帯などを教えてくれるでしょう。

このようにすることで、電話のスレ違いを減らせるようになります。

〝電話からはじまる恋〟でもいいのです。

同伴・店外デートのスムーズな誘い方

あなたは、女性と同伴したことがありますか？

「誘ったけど断られてしまった」『「今度しようね」という返事はもらったけど、その後一向に応じてくれない』。このような状態だと、切ない気分になりますよね。「同伴ができないのには、なんらかの理由があるので、話が先に進まないのでしょう。

女性は、同伴することで、お店からポイント・バックなどが付き、給与とは別に

〝同伴料〟として反映されることがあります。給料が増える事を考えると、女性からすれば「断る理由」が特別なければ、本来は同伴してくれます。

女性にとって、同伴も仕事の一部なのです。

それを理解して、誘う時には「下心がある」と悟られないような誘い方をしてください。

初対面では早いので、ある程度お互いのことがわかりはじめた頃に誘うようにしてください。

「日程・時間・場所・目的」がある程度明確でないと、女性は安心して同伴できません。

万が一、同伴の規定の出勤入り時間に間に合わず遅刻したら、ペナルティーや罰金になる事もあります。出勤時間に間に合うように気に掛けてあげましょう。

慌しくないように、女性のスケジュールをその1週間前くらいに確認してください。そして、同伴時間も1時間なのか1時間半なのか、その時間で行く場所も異なってきます。

たとえば、コース料理などは、料理が出るのに時間が掛かりますので、90分は必要でしょう。時間を気にしながら食べるのは、くつろげないので本末転倒です。

焼肉料理など、「臭いや煙」が気になる女性もいますので、問題がないか事前に確認しましょう。臭いの強い料理を食べる場合は、「ブレスケア」を持参して女性に渡してあげてください。

同伴時間は、90分くらいが理想です。

食事以外の同伴では、ビリヤードやダーツＢＡＲ、カラオケ、野球観戦、映画鑑賞などが考えられます。

ビリヤードやダーツが得意なら、女性には丁寧に教えて「やさしいコーチ」になってあげてください。間違っても「セクハラコーチ」に勘違いされないように。

野球観戦などは、時間の都合もあり最後まで観戦するのは難しいかもしれませんね。

お互いに、芸術に興味があるなら、「アート鑑賞」などいいと思います。


同伴は、お店で逢う時とは違う一面が見られる機会です。

「お店のドレス姿もかわいかったけど、カジュアルな格好もかわいかった」

「同伴で食事した時、気を利かせて料理をお皿などに盛り付けてくれた」「普段お店で元気よく接客しているが、同伴している時に、ふと悩みを打ち明けてきた」など。

誘う時は、女性に明確なプランを伝え、下心を感じさせない誘い方で安心させてあげましょう。

是非、女性のもうひとつの一面を見つけてあげてください。

もちろん貴方の素敵な一面も女性にアピールしてくださいね。

デートに誘う前におさえておきたいポイント

デートに誘いたいけど、場所はどこがいいのか? 悩むことはありませんか?

「デートしたけど楽しくなかった」「想像していたデートと違った」と、あなたも女性も感じるようなデートはしたくないですよね。

デートに誘う前に、事前に決めることがあります。

①目的（何をして楽しみたいのか？）
②予算（デート費用）
③日程（お互い都合の合うスケジュール）

お互いが満足できて楽しめるように、私は目的（場所）を決めるとき意見を出し合うようにしています。

たとえば、映画を観たいと思えば、面白そうな映画の情報をリサーチしてから、映画の概要を女性に話し、相手の興味を確認します。

相手も「観たい」と興味を示せば、目的が決まりますね。その他、デートスポットには遊園地、水族館など色々あります。あなたひとりで考えず、お互い意見交換をして納得できる目的を決めてください。

目的が決まれば予算も明確に出ますよね。

デート費用は、無理せずにお互いの負担が掛からないことも大事ですよね。

あなたがデート費用を全部負担するのか、女性がいくら出すのか、「金銭トラブルで揉める」ことがないように。

夜の女性は一般ＯＬ女性より収入は高額です。男性より稼ぐ人も多いので、スムーズにお金を出してくれる女性もいます。

女性のトップクラスでは、帯封１～２本（月１００～２００万円）稼ぐことが可能な業界です。

最初のデート費用をあなたが負担するならそれもいいでしょう。女性が、いくらか払うならそれもいいと思います。

目的と予算が決まれば、あとはお互いのスケジュールを合わせれば決まりますよね。

デートは、お互いが満足できるように、意見交換をして「目的・予算・日程」を決めましょう。是非、楽しいデートスポットを一緒に見つけてください。

いつの日か、振り返るとそのデートが思い出のアルバムにもなれば最高ですね。

コラム　時代が変われば、キャバ嬢・ホステスも変化する

「女性」が変わった

夜の女性は、時代と共に変わったと思います。

最初に気になったのが、「衣装のドレス」です。

昔（約20年前）は、ドレスのデザイン・柄・アクセサリーなど、似たようなものを大半の女性達が着ていました。

スーツを着ている女性も多くいました。女性達の衣装が似ていると、後姿だけでは、どの女性か判別できない事もありました。

最近のドレスは、有名モデルがデザインしたり、現役キャバ嬢がデザインしたりと、オシャレな衣装がたくさんあります。

なかには、2ピース（上と下で分かれている）ドレスもあります。お腹部分が「チラリ」と見えるような過激なデザインになっているのです。このドレスだと、お腹が出ていない女性なら着れますが、そうではないとお腹が目立ってしまいま

す。

そんな現代の夜の女性は、オシャレなドレスでより華やかに見えます。

「ヘアースタイル」も変わりました。昔は、ソバージュや、ストレート、分けた前髪などのヘアースタイルが大半でした。

今では、巻き髪だったり、エクステ、アップに盛ったりと、可愛い・きれい・セクシーに見えるようにアレンジして、お金を掛けてセットしています。

衣装やヘアースタイルをはじめ、オシャレには、かなり敏感になりました。

小物など（ヒール・アクセサリー）もオシャレになりましたが、これも時代で変わりました。現代の夜の女性は、昔の女性に比べ、オシャレをするのにいい時代に生まれたと思います。

その他に「女性の下着」がセクシーになりました。

下着が「Tバック」になりました。

以前は、ほとんど履かれていませんでした。現在は、（ドレス＝Tバック）が定着しています。ドレスを着ると「下着のラインが目立つ」からです。下着ラインが目立つと「恥ずかしい」「みっともない」から、ラインが出ないTバックを好むのです。

このように下着も、昔と現在では変わりました。男性からすれば、セクシー下着で良かったですね。

あなたが口説いて彼女になれば、「あなた用のセクシーな下着」を買うかもしれませんね。

しかし、オシャレ度は現代の女性の方が恵まれていますが、現在にはないメリットがかつてはありました。

景気がいい時代、お客さんが「チップ（現金）」を渡すことが多くあったのです。

それこそ、1日のチップだけで、2万~5万円になることもありました。

なぜ、それほどのチップが貰えたのでしょうか。

当時、夜のお店では「不良（ヤンキー）」が多く働いていました。いわゆる「不良=水商売」が定着していた時代があったのです。

そのような女性は、抜群の営業力で〝チップ〟を貰うのです。これぞまさに、ヤンキー魂です。

ヤンキー女性は、お客さんに「可愛い営業の仕方」はしません。

不良の女性ほど、〝ぶりっ子〟が苦手ですから。だから、〝堂々とした〟態度での営業でした。それこそ、なかには男がペコペコしてしまうほどの営業力のある女性が多くいました。

彼女たちは、いい意味での〝カツアゲ〟が得意だったのです。それも、お客さんが〝嫌にならない〟カツアゲなのでしょう。

だから、お客さんもチップをあげるのが定着してしまう時代だったんですね。

現在は景気も悪く、不良女性も減り、お客さんがチップを出さない時代になってきました。

それを考えると、チップで稼げた頃の女性は、恵まれていましたね。

第4章

距離を縮める記念日&イベント

女性の誕生日には、どうすればいいのか？

ホステスやキャバ嬢は誕生日を迎えると、お客さんにプレゼントを貰ったり、お店で祝ってもらったりします。人気ホステス・キャバ嬢ほど、祝い花や高価なシャンパン・ワインなどがテーブルにたくさん並び、高価なプレゼントを貰います。

そのような光景を見ていると、あなたも「高価なボトルを頼んであげたい・高価なプレゼントを買ってあげたい」という気持ちになってしまうのではないでしょうか？

しかしお目当ての女性の誕生日だからといって、〝付き合ってもいない〟女性に無理をして負担を掛ける必要はありません。

私は、口説きたい女性の誕生日を祝うのに、ある「アイテム」を使います。

それは「メッセージカード付き電報ぬいぐるみ」です。

かわいいぬいぐるみが、メッセージカードやケーキや花などを持っています。ケーキのフタを開けると、そこにメッセージカードが入っている、ユーモアでかわいいぬいぐるみもあります。

これはデパートやネット通販からも、3000円～5000円くらいで購入できます。

「笑っていいとも」のテレフォンショッキングで、タモリさんがゲストにメッセージを伝えるのに、電報ぬいぐるみを使っているのを見てから、マイアイテムとして使っています。

最近は、オシャレでかわいいぬいぐるみがたくさん出ているので、選ぶときも楽しめます。

このアイテムはとても好評で、「ベッドに置いたよ」「部屋に飾ったよ」など嬉しい言葉をもらいました。女性は何歳になってもかわいいぬいぐるみが好きなんですね。

ふと気付けば、今まで数百個買って、プレゼントしてきました。

メッセージカードには、気持ちを〝ひと言〟添えます。

ぬいぐるみをプレゼントするのではなく、メッセージや気持ちをプレゼントしているのです。

私は、彼女（恋人）でない女性の誕生日に、高価ボトルを空けたり、高価な物を買ってあげるのではなく、このようなかわいい手頃なアイテムで気持ちを伝えています。

誕生日を祝いたいけど、「仕事で忙しい」「出張がある」ときなど、顔を出せない場合にもプレゼントできるので重宝できるアイテムです。

その他に「手袋」などを寒いシーズンにプレゼントしたこともあります。

そのときは、女性が暖色系（ブラウン・茶系）の服装をよく着ていたので、ブラウンの手袋をプレゼントしました。

「(同色のマフラーを持っているから）マフラーと組み合わせて手袋が使える。うれしい、ありがとう！」と、喜んでくれました。

その時は、「そのマフラーと手袋の組み合わせた所を見てみたいな」と伝え、「じゃあ、来週の○日空いてる？」とデートに誘われるという展開になりました。

「衣類や小物」などは、欲しいデザインや商品であれば「貰って嬉しいプレゼント」になりますね。「貰って嬉しくないプレゼント」にならないように、女性からの情報収集も必要です。


お金を掛けなくても工夫をすれば、印象が残るプレゼントができます。是非あなたも「マイアイテム」を考えて探してください。

女性から「ありがとう。嬉しい」と思ってもらえる事が大切です。

イベントに誘われた場合

お店では、年に数回イベントがあります。

私は、自分も楽しめるようなイベントなら行きますが、そうでないイベント内容なら無理してまで行きません。

無理して参加したところで、つまらない印象を残すと、女性もガッカリしてしまうからです。女性から、「今度イベントあるから飲みに来て」と誘われた場合、あなたならどうしますか？

どんなイベントがあるか一部紹介します。

「行ってみたい」と思えるイベントに参加して、お互い楽しい時間を過ごしてください。

衣装が特別なイベント

普段とは違う「特別な衣装」のイベントは、お気に入りの子がいたら、いつもと違う一面が見られるので、行きたいですよね。

たとえば、コスプレ衣装やセクシードレス、夏シーズンでの浴衣などがあります。

料金など割引されるイベント

指名料・同伴料・セット料金が普段より安くなる内容のイベントもあります。

たとえば、普段はセット料金60分5000円の場合に、イベントで60分3000円になり料金が割引されるなど。

ちなみにお店の店長やスタッフと仲良くなれば、料金割引やドリンクのサービスなどしてくれる場合があります。私は、スタッフたちに乾杯ドリンクを振る舞うなどをして、できるだけいい関係を築いています。

お酒が割引されるイベント

ボトル料金が、普段より割引されるイベントは、お酒好きでたくさん飲む人ならそそられますね。

たとえばお酒好きな人は、ボトル料金が割引されるときに、余分に1本ボトルキープしてもいいですよね。

景品が当たるイベント

ビンゴやクジなどで、当たると景品がもらえるイベントは、当たれば得した気分になりますが、当たるか外れるかは、その時の運次第です。

たとえば、ビンゴ1回1000円で、TV、DVDプレーヤー、旅行券のペアチケットなど高価なものが景品として当たるなど。

その他、パーティーシーズンなどに、「チケット制のパーティー」もあります。チケット制の場合には、女性にノルマが課せられる場合があります。

一人チケット5枚を売らなければペナルティーや罰金、その代わりそれ以上売れればバックが入るなどです
このように、女性にノルマが課せられことがありますので、「かわいそう」と思い、

チケットを買ってあげる人もいますよね。

コラム　時代が変われば、キャバ嬢・ホステスも変化する

「お店」も変わった

時代とともにお店のありかたも変化しました。

かつて夜のお店に行く時は「車」で行っていました。飲酒運転の罰則（取り締まり）がさほど厳しくない時代でした。昔は、「お客さんの専用駐車場」を設けているお店もありました。

お客さんが乗ってきた車を停めるスペースを、お店側が数台契約していたのです。「お客さんが車で来るスタイル」が定着していたのです。

駐車場代は無料でした。

飲酒運転で車で女性を送る事もありました。当時は、女性を車で送るのもひとつの楽しみでした。

罰則が厳しくなると当然、車を利用しない人が増えるので、お店側も駐車場が

必要なくなります。それ以降は、駐車場を完備するお店は減りました。

そんな時代も、懐かしく思います。


かつては、大半のお店が精算後のお会計袋に「サービス券（割引券）」などを入れてくれていました。

現代のお店では、やはり不景気もあるのでしょうか、「サービス券（割引券）」をお会計袋に入れてくれないお店・入れてくれるお店がはっきりわかれてきました。

それを考えると、現在のお店で、サービス券（割引券）を毎回配るお店は、良心的に思います。


昔は、ショーなど踊れるステージがあって、お店の女性がショータイムで踊ってくれるスタイルの「ショーパブ」「キャバレー」などのお店が多くありましたが、現代はショータイムがあるお店も減りました。

ショーブースはスペース幅を取るので、その分、客席重視（ボックス席）を造るようなお店が増えました。ショーステージを造るより、ボックス席を造ってお客さんをその分入れて売上げにしたいと、経営者は考えるのでしょう。

ショーをするお店だと、女性も営業時間外にレッスンをするなど大変ですが、お客さんからすれば、素晴らしいショーなら見る価値はありますよね。

ショーがある有名老舗店は今も健在なので、ショータイムをまだ見たことない方は一度、行って見てください。最近見てない方は、久しぶりに行けば当時と違ったショーを見てください。

私は、「ダンスフロアー」があるお店では、チークやジルバなどを女性と踊ることもあります。この時間は、とても気持ちいい時間です。ダンスをしている時は、女性との距離間も近く、心の距離感も近くなります。

お互いに〝あ・うんの呼吸〟が合えば楽しい時間でもあり、お互いに意識する時間でもあります。変に下心をもってダンスを踊るのはダメですよ。

最近では、ダンスフロアーがあるお店が減ったことを残念に思います。

もちろん、時代が変われば、その時代に適したスタイルに変えていかなければいけませんが。

時代が変われば、営業時間も変わります。数年前から、昼営業の「昼キャバクラ（昼キャバ）」が出店しはじめました。

私は、昼間お酒を飲みたいと思いませんが、女性からしたら、夜の勤務時間よりは、昼からの勤務時間である方が都合がいい人もいますよね。

昼間の時間帯に都合がつくお客さんも利用できます。

以前、友人から聞いた話ですが、昼キャバは、会社を定年退職した方が多く利用しているそうです。

本書を書いている時期は2012年ですが、5年後、10年後、お店のスタイルは、時代の変化と共にどのように変化していくのか……。

いいスタイルは、そのまま引継いで欲しいと願っています。

第5章

〝想い〟を伝えるテクニック

告白する場所はどこがいいのか？

女性に告白しようと思ったとき、「どこで告白しようか？」と、悩んだことはありませんか？

好意ある男性から告白されるなら、素敵な場所で告白されてみたいと、女性も願うでしょうね。

告白スポットをいくつか紹介しますので、参考にしてください。

【公園】

告白するときに緊張してアガってしまわないかと心配に思うのであれば、広い公園がおススメです。花や緑に囲まれた落ち着いた雰囲気で、リラックスした気持ちになります。

自然の中で、女性に「一緒にいて落ち着く人」と思われれば好感度が高まりますね。

【夜景のきれいな場所】

ムードよくロマンティックな雰囲気にしたいなら、夜景を見渡せる場所がオススメです。食後に、夜景の見える場所に移動すればいいですね。

車を利用する人であれば、車から景色が眺められる場所に停車して、車内での告白もアリです。女性もムードがあると、自然に甘えたり、スキがでます。

ただ、限られたスペース（車内）で二人きりなので、緊張が高まって、何も話せない状態にならないように。

【水族館】

水族館は、魚たちの泳ぐ姿を眺めて〝まったりした〟気分になる、神秘的な空間です。都市部から、比較的近いところにあるので、限られた時間でも、素敵なひと時を過ごすことができます。お腹が空いても施設内にレストランがあれば便利です。

屋内なので、ここぞという時に、急に天候が悪くなって焦る事態も避けられます。

【アミューズメントパーク】

遊園地・テーマパークなど、乗り物やアトラクションを満喫すれば、記念にも残りますね。写真などを撮れば思い出のアルバムにもなります。

乗り物が苦手な女性もいるので、事前に確認を。

たくさん動き回っても、告白する気力は残しておいてください。

これらの告白スポットでも、女性を上手にリードして、告白する直前まで好感度を上げて成功してください。

告白する時、普段より「気持ちが高鳴り、緊張」してしまい、不自然な誘い方になってしまう人もいると思います。

それでも、ＯＫしてくれるならいいですが、不自然な誘い方で、「何かいつもと雰囲気が違う」「いつもより様子がおかしい」と悟られて誘いを断わられたら、そもそも告白ができません。

告白の言葉

好きになった女性に「告白する」時は、あなたが女性に「ただ好きだから」と告白するのでは、成功する可能性はありません。

相手のことが好きで、「付き合いたい」というくらいの気持ちになるということは、相手のことを「毎日考えてしまう」「何をしているのかとても気になる」など、強い感情が芽生えているはずです。

告白するからには「彼女にしたい」というのが本音の気持ちでしょうから、あなたの熱い思いを言葉にしてください。

好きな気持ちを言葉で表さなければ、女性はあなたの気持ちを確認できません。

女性に「気持ちが伝わり、理解してもらえる告白」をすることが大切です。

たとえば、「可愛いから・タイプだから付き合ってほしい」など、容姿についての短い言葉で告白する男性もいると思います。

それだと、「それだけで？　本気なの？」「なにも考えていない単純な男なのかな？」と疑う女性もいるでしょう。

「冗談っぽい」「嘘っぽい」「単純な男」と女性に思われてしまうと、せっかくの告白が台無しになります。そうならないためにも、素直な自分の気持ちから、言葉を選びましょう。

告白する前に、「容姿」「性格」「自分の感情」の３つをもとに、自分の気持ちを再度確認してください。

【①容姿】
「きれい・かわいい・自分のタイプ・笑顔が素敵」など、女性の気に入った容姿。

【②性格】
「やさしい・癒される・面白い・マメ」など、女性の性格・尊敬できるところなど。

【③自分の感情】

好きになってしまったきっかけなど。

（例）「○○ちゃんは①きれいで、②マメで気が利くから、僕のタイプなんだよね。出逢ってから、少しずつ意識しはじめて、③仕事の相談も真剣に聞いてくれてアドバイスしてくれたり、風邪を引いた時には、心配してくれたりもして、僕にとっては大事な存在に思えてきて。だから告白して、付き合いたいと思ったんだ」

「（わたしの）どこが好きなのか、なぜ好きになったのか？」が伝わる告白であれば、女性は真面目に返事を検討してくれます。

女性との出逢いから、告白するまでの期間で、恋の駆け引きも度が過ぎれば、疲れてしまうでしょう。私は、駆け引きはあまり好きではありません。

もちろん女性も駆け引きが嫌いな人や苦手な人もたくさんいます。

あなたが好きでも女性に気持ちがなければ付き合うことはできません。

「告白するタイミング」と「お互いの好意」が重要なポイントです。

女性は、好意を持ちはじめたら、素直に言えない女性でも、何らかの気持ちの伝え方〝**恋のサイン**〟を出してきます。女性によって恋のサインの出し方は色々あります。

それにしっかりと気づいてあげれば、そこからがいいタイミングになります。

「早く付き合いたい」と自分本位に焦ってもいけません。何回目のデートで告白しようとか、回数を気にする事ではなく、お互いの「性格を知る期間」や「感情」などが大切です。

しかし期間が長くなり、女性が望まない〝**恋の長期戦**〟に疲れてしまえば、いい返事がもらえないでしょう。ぜひ、本書の第2章「見逃してはいけない〝一瞬〟の変化」を、参考にしてください。

あなたが、単純に好きになった訳でないのであれば、相手が真面目に返事を検討できる告白の仕方がいいですよね。

後は、女性の返事を待つだけです。

コラム　時代が変われば、キャバ嬢・ホステスも変化する

「時代」が変わっても、変わらないもの

お金でもって「愛人契約」を結ぼうと試みる方が、いつの時代もいるようです。このような方は、女性に「気持ちを伝えても、頻繁に通っても付き合えない」など、苦戦したあげく最終手段として〝お金をエサに〟女性を釣ろうと考えてしまうのでしょう。


知人で、ホステスのＹちゃんがいました。

当時のＹちゃんは、魔性的な魅力と賢さはもちろん、営業力もありそれなりに稼いでいました。

ところが、諸事情で出費が重なり生活が大変苦しい状態になっていたのです。親族や身内関係には頼れない状況もあり、相当悩んでいました。

Ｙちゃんは、お客さん（Ｃさん）にそれとなく事情を伝え相談していたら、

「Yちゃんの面倒をみる」とCさんが言ってきたのです。

Cさんはお店の常連さんで、〝下心ある〟お客さんのようでした。

Cさんは、いくら頑張っても口説き落とせないので、Yちゃんの相談を聞いて最終手段に出たのです。

それが、愛人契約だったのです。

Yちゃんは、Cさんに言われた愛人契約の話を、私にしてきました。

Cさんの提示した条件――「住まい」「毎月の生活費」「必要な生活家具一式」などは、すべてCさんが支払う、その代わり肉体関係を持つ――を知りました。

当時、私はYちゃんの相談に乗っていて、何かしらの力になりたかったのですが、良い方法が見つかりませんでした。

Yちゃんは、数日間、相当悩んでいましたし泣いてもいました。

結果的にYちゃんは、やむを得ずCさんの愛人になる決意をしたのです……。

それから数ヶ月が経過したある日、久々にYちゃんから、電話がきました。

その電話の内容は、Cさんの会社の景気が悪くなり、倒産するかもしれないと言われ、Cさんから「もう、お金を渡せない」と伝えられたのです。Yちゃんのために借りたマンションの家賃も厳しい、とYちゃんに相談したのです。

Yちゃんのことが、大丈夫かと心配になりました。

しかし、Yちゃんの説明を詳しく聞いてみると、私は仰天しました。

Cさんは、「相当な金額」をYちゃんに支払っていたのです。Yちゃんは、Cさんとの関係を早く断ち切ろうと考えていて、その状況から抜け出すために、Cさんから度々お小遣いを余分に出させて、それを貯金していたのです。

Cさんは、ポケットマネーだけで足りず、会社の資金も継ぎ込んだのでしょうか。

「これじゃあ、囲われる意味がないから、Cさんと別れる」とYちゃんは言いました。「それに貯金もかなり貯まったし……」と、魔性的な賢さを持つYちゃん。その言葉を聞いて、私は一瞬、凍りつきました。

その後、Yちゃんは、住んでいたマンションから引っ越して、「高級マンション」に引っ越して元の生活に戻りました。

結果的に、Cさんは一時的には、Yちゃんの弱みにつけ込み愛人契約を交わしましたが、お金という〝エサ〟が無くなり、Yちゃんに去られてしまいました。
まさに、「お金の切れ目が縁の切れ目」でした。
恐るべし、魔性的な賢さのYちゃん。そして愛人契約……。

第6章

告白後の「成功と失敗」

成功

告白して女性の返事がＯＫ（成功）であれば、「あなたの彼女」になり、その日は最高の記念日になります。

彼女と「どこにデートに行こうか」「旅行にも行きたいな」など考えたり、思い出のアルバムがつくれます。

しかし、男のなかには「体目的で付き合う」こともありますよね。

セクシーでスタイルのいい女性となら、「ＳＥＸしたい本能」が出る男性もいます。

恋愛は「心と体の相性」も関係します。

たとえば女性に対して、

「好意はあるけどＳＥＸの相性が合わない」「ＳＥＸの相性が合うけど性格が合わなくて好きになれない」「好きになる努力をしたけれど、好きになれない」などです。

育つ環境が違えば、何かと人間は複雑なこともあります。

そして男性は、好きではない女性と肉体関係を持つことがあります。
ひとつの体のなかに心があるのに、心と体が切り離された考えにもなる――ＳＥＸとは、動物的な本能なのでしょうか？

私は、女性と「告白しないＳＥＸ」も経験しました。
ある日、女性（Ｊちゃん）と一緒に帰り、私の部屋に行きました。
営業後に部屋に遊びに来ているので泊まる方向です。
時間も遅いのでベッドで寄り添いました。
そしてＳＥＸをしました。
しかし、Ｊちゃんに対して「付き合う」とかそのような言葉を口に出してはいません。
そのときは、〝流れのまま〟です。
お互いの〝暗黙の了解〟です。
「二人の性格は合うのか？」と考えると、（性格は）合いました。
「ＳＥＸはどうだったか？」というと、「満足度60％くらい」でした。

私の気持ちは、「ＳＥＸの相性は普通、性格は合うけれど、付き合いたいという気持ちはない」でした。

もちろんＪちゃんも、私に対しておなじような評価をしているでしょう。

その後、Ｊちゃんと度々ＳＥＸをしました。

このタイミングでは、Ｊちゃんは告白を期待しています。

Ｊちゃんからすれば、私に対して「心と体の相性が合った」のです。

しかし、「付き合う」と言葉で伝えていないので、最終的にはお互い離れました。

このとき、Ｊちゃんの評価が「体の相性が合わなかった」なら、ＳＥＸはもちろんなく、会うこともせず「連絡をするだけ」だったでしょう。

いったん離れても女性側が「心と体の相性」が合うと、再び寄りが戻るケースもあります。ただ女性側に彼氏が出来れば連絡は途絶えます。

Ｊちゃんとは、いったん離れてから、再び連絡を取り合う関係になりました。

このように、恋人同士でも、ＳＥＸから入る関係でも〝心と体の相性〟で「付き合う」「付き合わない」なども左右されます。

一夫多妻でないかぎり、結婚をする女性は一人です。

ある程度の妥協する気持ちも必要ですが、女性の「心と体」も知り得て、女性をより理解できるような男になれば、最高の女性（心と体の相性が合う）と出逢えると思います。

恋愛も結婚も、相性は永遠のテーマです。

失敗

告白して女性の返事がＮＧ（失敗）であれば、その後は切ない気持ちになりますが、それも恋愛では誰もが経験すること。恋愛の肥やしにもなります。

そして、そのときの気持ちで道は２つにわかれます。

「友達として継続したいか」「ここで離れて終わらせるか」の選択肢です。


【離れる選択】

離れることを選択すれば、その女性と〝終わり〟ます。

離れて別の女性を選ぶこともできますが「その相手以上の魅力ある女性」に出逢えるかどうかはわかりません。

【友達のままでいる選択】

どうしても諦めたくない気持ちがあるときは、「友達関係」を選択することがいいでしょう。その場合は、女性に「気持ちを伝えられてよかった。できれば友達関係でいたい」と伝えてください。相手の返事次第で友達関係を継続できます。

その選択は告白時に決めても決めなくても大丈夫です。ひとまず落ち着いてゆっくり考えてからの決断でもかまいません。

もし「友達関係もNG」との返事であれば、その時は完全に諦めてください。

継続が互いにOKであれば、その先に「チャンス」はあります。ひとまず時間を置いてから、再チャレンジすることは可能です。告白を断わられても、いい関係を築いてその後「好意が芽生えてきて付き合うケース」もあります。

ここで大事なポイントは、「なぜ（告白が）失敗したか?」を把握することです。

女性に「他に好意ある男がいたか?」「（自分に）何か原因や問題があったか?」

などです。

告白後の「相手からの返事次第」ではそれを把握することもできます。

女性も言いづらいことには答えませんから、把握できない場合には、しつこく尋ねず、ひとまず時間をおきましょう。友達関係に戻ってから把握できることもあります。

失敗しても、選択肢は慎重に決めてください。

コラム　私の人生を変えた〝一夜〟

〝最愛〟の女性に出逢えた瞬間

夜のお店は、日本人の女性が働くお店が大半ですが、もちろん外国人女性が働くお店（インターナショナルクラブ）もあります。

私は、外国人女性も口説きました。

外国人女性に惚れたのは、ある「きっかけ」があったからです。

日本人と外国人女性では〝口説く〟ことに、どのように違いがあるのか、ここでは私の体験を紹介しながら、そのポイントに触れます。


それは、寒い季節のことでした。

私は夜のネオン街を友達3人と歩いていました。

すると若い外国人女性3人が、ドレスの上にコートを羽織り、寒い街なかに立っていました。

「お兄さん、飲みませんか？」

その女性達の近くを通った時に、外国人女性から片言の日本語で声を掛けられました。それが、夜のお店で働く外国人女性との最初の出逢いでした。

昔、お店の女性達が交代で外に出向き、お客さんに声を掛けていることがたくさんありました。

声を掛けてくれた３人の外国人女性の一人は、瞳が大きく、少し小麦色の肌が可愛く、ひと目で気になってしまいました。

連れの友達も外国人女性のお店に行くのは初めてだったので、いったん店内を見てみようかと、意見がまとまりました。

３人の女性達とそのまま店内に入りました。

とくに問題なさそうでしたし、少し不思議で新鮮な気持ちもあり、その店で飲むことにしました。

気になっていた女性が私の席に座ってくれたのはラッキーでした。出逢ったその日は、１時間楽しく飲んで帰りました。

それから、何度かそのお店に行き仲良くなりました。

女性は日本に来たのが初めてで、来日して2週間くらいでした。日本語はまだ覚えたての片言でしたので、辞書や会話テキスト、それに紙とペンがなければコミュニケーションが困難でした。ただ女性は英語とローマ字が読めたので、わからない言葉は英語もしくはローマ字を使ってやりとりしました。

ある日、その女性の出勤前に、「ドライブデート」をしました。

「何かピンク色のビニールっぽい素材のチャック付きケース」の小物を、女性は手に持っていました。

「何それ？」と私は尋ねました。

女性は言いました。「これに小銭を入れてる」と。

なんと、財布代わりに使っていたのです。

当時の私は、その光景を見て、「なぜ財布を持たないのか？」不思議に思い、「財布はどうしたの？」と、尋ねました。

するとの彼女は「使う分だけ小銭（500円くらい）を入れてきた」と言いました。

その時、ふと思いました。「それは、日本人女性ならまずあり得ない光景だな」と。そのことが衝撃的で、ますます「その女性のことを知りたい」という気持ちが沸いていきました。

当時、女性の母国は、貧富の差が激しく月収1万～1万５０００円前後で生活していたと聞かされました。それで、家族を養うために日本に出稼ぎに来て働いているということも。だから無駄遣いしないように節約し、遣う分だけの小銭を持ち歩いていたのです。

後に、その女性から（日本で）お店からの給料は手取りで一ヶ月8万円くらいと聞きました。それを聞いて、「もし自分なら外国に出稼ぎで働ける自信はあるかな？」と思いました。日本は他国に比べ恵まれた国だと実感した瞬間です。

ドライブ中に「整髪料が見たい」と女性が言ったので、ドラックストアーに行きました。

店に着き、整髪スプレー（８００円くらい）商品を欲しそうな顔で眺めていました。女性の持っている所持金では少し足りないのが私にはわかりました。

「欲しいなら買ってあげるよ」と言うと、女性から言われた言葉が「高いのにいいんですか?」でした。私は800円くらいの金額を「高いと言われた事」に、なにか自分の心が不思議に切なくなりました。衝撃的な言葉でした。

もちろん私はその商品を買いました。むしろその言葉で買ってあげたい気持ちが強くなりました。そして女性は、たかが整髪料スプレーを買ってもらったことに喜んでいて、私は感謝されました。

高価な買い物より心に響いた買い物でした。

ふと涙をこらえました……。

その女性が、出逢ってから十数年後のクリスマスイヴに、「私の妻になった女性」です。

その出逢いが運命の出逢いでもあったのです。当時を振り返ると、とても懐かしく思い出します。

まだ若かった私に、いろいろな意味でいい勉強をさせてくれた女性でした。だから私は、その女性にひとこと言いたい。ありがとう。

〝恋〟より、深い気持ちで〝愛〟したいと思える女性との出逢いでした。

私は、外国人女性との経験で気づいた事があります。それは、外国人女性に惚れて「口説く」場合、いくつかの「試練」があるということです。

①言葉の問題
②母国に帰ってしまうと逢うのはもちろん、連絡するのが困難
③文化の違い・食生活の違い
④お店の寮に住んでいる女性は、外出に制限がある

このような試練です。

日本に来ている外国人女性は、母国に仕事がなかったり、あっても賃金が安かったりし貧しく、生活困難などで出稼ぎに来ている女性が大半です。お金に対して堅実で、デートや逢う時間にも制限があります。外国人女性に対する売上げノルマ・罰金等も厳しいお店が大半でした。

日本で働く外国人女性達の出身国は、アジア圏（中国・韓国・フィリピン・タイ）、ヨーロッパ圏（ロシア・ウクライナ・ルーマニア・スペイン）などが多い

です。

もし、外国人女性を本気で好きになった場合には、日本人女性との恋にはない〝試練〟がありますが、文化の違いからいい刺激を共に得られる事もあります。心から惚れたのなら、そういった試練を乗り越えてください。

外国人女性は貧しい生活を経験し、国をまたいで出稼ぎしているだけあってハングリーです。お金を出させる営業がかなり上手いです。

〝遊びの感覚〟で口説くのは、オススメできません。

そう考えると、外人女性のような試練がない分、日本人女性を口説くことはカンタンです。

最終的には、あなたの惚れた女性が日本人でも外国人でも〝素敵な出逢い〟だと感じたのなら、そのチャンスをぜひ掴んでほしいと思います。

そして彼女に対する強い感情が止められないときは、あなたの心が〝愛に変わった瞬間〟です。恋するより愛を感じて、好きより愛してください…。

◆著者紹介◆

冴木 涼（さえき りょう）

16歳でスナックデビュー。以後、その世界の女性に魅力を感じ、現在まで600人以上(日本人、外国人含む）キャバ嬢、ホステスを口説いた。あげくには28歳のとき、銀座にクラブをオープンさせる。

装丁：岩泉卓屋
組版：横内俊彦
写真：シャッターストック

銀座ホステスをその気にさせる会話術

2012年4月5日　初版発行

著　者　冴木涼
発行者　野村直克
発行所　総合法令出版株式会社
〒107-0052　東京都港区赤坂1-9-15 日本自転車会館2号館7階
電話　03-3584-9821（代）
振替　00140-0-69059

印刷・製本　中央精版印刷株式会社

落丁・乱丁本はお取替えいたします。

ISBN978-4-86280-302-3
総合法令出版ホームページ　http://www.horei.com/